中国古典名著译注丛书

敦煌坛经合校译注

李 申 校译 方广锠 简注

中华书局

图书在版编目(CIP)数据

敦煌坛经合校译注/李申校译;方广锠简注. —北京:中华书局,2018.7(2023.8 重印)
(中国古典名著译注丛书)
ISBN 978-7-101-13192-5

Ⅰ.敦… Ⅱ.①李…②方… Ⅲ.①禅宗-佛经-中国-唐代②《六祖坛经》-译文③《六祖坛经》-注释 Ⅳ.B946.5

中国版本图书馆 CIP 数据核字(2018)第 079261 号

书　　　名	敦煌坛经合校译注	
校 译 者	李　申	
注　　　者	方广锠	
丛 书 名	中国古典名著译注丛书	
责任编辑	邹　旭	
责任印制	管　斌	
出版发行	中华书局	
	(北京市丰台区太平桥西里 38 号　100073)	
	http://www.zhbc.com.cn	
	E-mail:zhbc@zhbc.com.cn	
印　　　刷	三河市博文印刷有限公司	
版　　　次	2018 年 7 月第 1 版	
	2023 年 8 月第 4 次印刷	
规　　　格	开本/850×1168 毫米　1/32	
	印张 9⅛　插页 2　字数 181 千字	
印　　　数	8001-9500 册	
国际书号	ISBN 978-7-101-13192-5	
定　　　价	38.00 元	

目　录

以禅宗方法整理《坛经》

任继愈

近半个世纪,《坛经》研究逐渐引起学术界的兴趣,研究者遍及海内及欧亚地区,这一趋势与思想界关心禅宗的研究有关。"禅"这一专门用语,已被国际学术界所接受。禅宗研究的兴起又与国际哲学界关心直觉主义、神秘主义思潮相呼应。

禅宗这一宗派与中国隋唐佛教天台、华严、法相并列为四大宗派。中国佛教义理之学,内容丰富,影响深远的也只有这四个大的宗派①。

影响深远的这四大宗派中,禅宗比其它三派更具有东方汉传佛教的民族特色。

禅宗的思想方法不重思辨推理的过程,而在直探本源

---

① 律宗、净土宗更注重宗教实践,密宗后起,影响范围也较小。日本学者著作中认为中国有俱舍宗、成实宗、三论宗,事实上并不存在。

的体认。禅不是从概念上引导信徒走向宗教境界，而是由生活经验升华为心灵感受，然后走向宗教境界。禅宗教人，更多用力于性情、人格的培养，也就是内心的自觉，而不大注重外在权威的灌输，借外在权威迫使鄙劣欲念消退。在这一点上，禅宗与净土宗存在最大的区别，与其它各宗也有不同程度的差别。

如果问禅宗教人解脱法门是什么，简单一句话，就是自己解脱。如果自己不会解脱，不敢解脱，佛祖释迦牟尼对这种信徒也无能为力。自行解脱，要有方法，更要有自信心。禅宗教人，不允许信徒们问自己"我能办得到吗"，而是要人们坚定信心："我一定办得到！"这种宗教信仰的决心、愿力，原始佛教本来也有。如佛教经典中经常讲到"天上地下，惟我独尊"。且不必追究新生的婴儿有没有生下来就会说话、会走路的本领，神话归神话。但是，我们可以承认佛教教人树立坚定的宗教信仰，不要受外界任何干扰。不论是社会习惯的束缚，还是最高权威的压力，都不能动摇自己的信心。禅宗对佛教教义中的这一点是吃透了的。正是抓住了这一点，才使得另外的许多宗派，即使不赞成禅宗的一些主张和教育方法，却不能不认同其在佛教中的地位。

禅宗从慧能的老师弘忍传教开始，就有所变革，以《楞伽》、《金刚》二经并重。慧能创立南宗之始，即重视《金刚经》。可以说明，禅宗更着重般若空宗"以遮为表"的思想方法和世界观：以否定表达其所肯定，以不明说表达其所要说，以无为启发其有为。这也是印度般若学派的一贯宗旨。禅宗自称"教外别传"，虽曰"别传"，它传的还是佛教的主要部分。中国隋唐以后，宗派林立，其它各派对这个土生土长、来历不明的宗派啧有烦言，却不敢轻视，因为它抓住了佛教精神的一部分。

禅宗的世界观和思想方法，使它选择适合该宗派的传教方式。读禅宗典籍要符合禅宗思维方式，对待禅宗和尚语录也应与其它各宗派的著作有所区别。有的宗派特别注意语义明晰，心理描述，心情变化，遣词、翻译原著，必须字斟句酌。例如佛典旧译"观觉"，玄奘译为"寻伺"，意在区别心理活动的细微差异。这种认真的态度可取，也可贵，但对禅宗并不适用。

研究禅宗，要按禅宗的思维方式、表达方式，还要注意禅宗善于因材施教、因病投药的教学特点。同一问题，对不同提问者往往记录着不同的答复，有时相近，有时相反。

早期禅宗大师多见识高超而文化低下。我们看到唐人手抄的禅宗语录，错别字迭出，甚至文义不全。这种现象在其它宗派的手抄本中极少出现。这一事实，给禅宗研究者带来不少困难。正因为如此，禅宗经典文献《坛经》才会产生众多版本，人们常见的即有十几种以上。近代学者用了差不多近百年的时间从事校勘、订正。大家力图向社会提供一个可信的版本，并作出了自己的贡献，他们的努力值得尊重。

禅宗语录，从慧能开始，就提醒人们不要死抠字句，而要掌握他讲话的精神实质。这也是佛教涅槃"四依"中的"依义不依语"的古训。禅宗原来的衣钵相传，应当是早期禅学没有广泛普及的情况。安史之乱后，中央政府削弱，天下分崩离析，这一学派不专事经典，直指心印。禅学弟子各凭师傅的传授，结合自己的理解，从事传教事业。不同的版本各呈异彩，出现这种现象是可以理解的。禅宗《坛经》有没有一个定本？不可能有。中原地区战乱不断，文献保存不易，敦煌地区相对安定，千佛洞保存的手抄本足以反映河西地区流传的《坛经》面貌。

《坛经》的校勘任务，不在于恢复《坛经》的本来面貌，因为本来面貌很难说。《坛经》作者慧能（惠能）就有两种写法并存。即使今天慧能复生，问他本人，名字如何写，慧能也回答不出，因为他不识字。我们当然不能断定两个"慧能"哪个正确。

是不是我们研究者就无所作为？也不是。我们应当根据禅宗思想体系，按照禅宗的思路，把《坛经》理顺。以禅宗方法整理《坛经》，尽量避免用汉学家、经学家的方法整理《坛经》，这是比较可行的办法。回头来看过去已出版的世上已流行的几种版本，最好避免用"窜改"等字样，尽量不相信有一个完全正确的标准本的《坛经》的假设。只能就现有的敦煌本《坛经》的错讹字句、明显错别字理顺。还要探索一下唐时民间流行的习惯语，当时的社会政治制度，人名称谓，地区、地名，通盘考虑。当然，更重要的是按禅宗的思路来整理《坛经》。不要理顺了《坛经》的字句，却背离了禅宗思想。李、方二位的《坛经合校》本，应当看作百家争鸣、百花齐放中的又一枝奇葩。这个版本还不能成为定本，它为读者提供了一个通顺可用的新版本，为有心研究者提供了一个导游图。有了导游图，路还要自己走，判断、评论，还要读者自己拿主见。

1998 年 6 月于北京

序

杜继文

禅宗就其得以产生和发展来看，本质上是反名教、反传统、反权威的。说这"三反"是禅宗的精神和生命所在，毫不为过。但禅宗之所以能够存在并长期流传下来，却有赖于它的运用名教、护卫传统、树立权威，而且做得都相当成功，由此说它是一个十足保守的佛教派别，也是确凿有据。

禅宗的这一内在矛盾，最充分地显示在它自身的历史上，也蕴含在它自制宗谱、自定领袖和自说经典上。

禅宗自称是"教外别传"，这是禅宗一走出双峰山就打出来的一面大旗。它所谓的"教"，指的是"经教"，即以佛的名义宣说的一切经典；它自称"教外"，就是不承认现行的所有佛籍的权威性。它所谓的"传"指的是传承、宗系，包括有文字记载的一切佛教史迹；自称"别传"，就是不承认创造佛教真实历史的那些祖师们的权威性。在以后的发展中，禅宗曾以公开的"呵佛骂祖"惊世骇俗，其思想内容完全可以从"教外别传"的主张中演绎出来。

　　然而，这"教外别传"之说，能够得到佛教内外的公认吗？如果禅宗不能证明自身确系来自佛教的传承，它就不会在当时的现实中找到合法存在和活动的空间。禅宗既然自诩为"别传"，就必须在既有的文字记载之外，另立一个传法系统，新制一个符合自身需要的宗谱。这种历史条件，命定了它不能不"跪着造反"。所谓"跪着"，是必须制造祖师崇拜，要有祖师为其合法的存在作证；所谓"造反"，是历史上本来没有那样的法统，不得已而造其神或非其鬼而祭之。人们都很熟悉的传说，"世尊拈华，迦叶微笑"，是其中美丽动人的故事之一。敦煌本《坛经》记慧能说"顿教法传受"，为最初七佛加"西天"二十八代，再加慧能本人的"唐国"六祖，总称四十代。其实在此以前出现的禅宗宗谱已有不少，到了宋代还在继续编写。现在市场上就可以拜读的《五灯会元》，也列有四十代传宗之说，而且还为七佛和西天二十七祖写了传记。对此，此前的禅宗研究者，已做过若干考察，结论是非常清楚的，至今没有见到过有哪位严肃的学者再认真追究下去。理由很简单：这一祖师代代传受之说，虽然不是全无所据，但仍得归为想象丰富的创造，而不是史实。想当年胡适先生曾痛斥："禅宗佛教里百分之九十，甚或百分之九十五，都是一团胡说，伪造，诈骗，矫饰和装腔作势。"一时间，引起一些日本学者的不高兴。原因就出在他把禅师当成史学家，把禅宗的思想创造当成是史实的记录——他谈《坛经》的方法有误，以致才有上当受骗之后恍然大悟的激愤。

在我看来，《坛经》其实是讲过应该怎样去认识它的。它记一个叫"法达"的人，诵《法华经》七年，直被《法华》转，而未曾转《法华》。因为对于禅佛教来说，《法华》的唯一用途是启悟，而不在于它的叙事是否真实。所以慧能明确无误地指出："《法华经》无多语，七卷尽是譬喻因缘。"据此通观佛教经典，即使对今人来说，也具有方法论的意义。

《坛经》作为佛经的一种，也不例外，它的记事，完全可以看作"尽是譬喻因缘"。其中的一个典型就是关于慧能与神秀斗法，密受弘忍衣法的那个脍炙人口的传奇。至于理由嘛，只要认真翻一翻此前的资料，考察一下它产生的背景，是应该清楚的。其实，《坛经》之所以称作"经"而不称"传"，正如《传灯录》不称"僧史"一样，它为自己制定的任务，就是给读者一种思想的创造，而不在历史的真实。由此也可以理解，为什么《坛经》已经成为"经"，却依旧要被再三改编增补，使慧能的面貌也一再变型。

如果按《坛经》指导转《法华》的方法认识《坛经》，至少《坛经》本身并不值得胡适先生发怒，今日的研究者也不必想方设法证明它的记事如何"可信"。为了说明它只是"譬喻因缘"，在不重复先达们的研究成果前提下，我想再补充几个例证：

先讲"顿悟"，这是《坛经》被认为是区别于别宗的基本特征。但什么叫"顿悟"？《坛经》没有作任何解释。它讲了许多顿悟的话，却没有顾及它们之间存在逻辑矛盾。如说"无生顿法"、"顿教大乘"之类，就是承认"法"有顿渐，而全经的基调，则明明是说："法无顿渐，人有利钝。"慧能在自叙家门中说：他在市场卖柴时，"忽见一客读《金刚经》，慧能一闻，心明便悟"。后来投到五祖门下，"五祖夜至三更，唤慧能堂内说《金刚经》，慧能一闻，言下便悟"。按照传统的说法，所谓"顿悟"就是"悟"的一次性完成，慧能却"一闻"而又"一闻"，"悟"而又"悟"，岂非是"渐"，哪里有"顿"？

关于以《金刚经》为依，研究者多认为是区别于神秀楞伽系的主要标志，因为《坛经》不但让慧能能闻《金刚经》得悟，而且也让弘忍劝告道俗"但持《金刚经》一卷，即得见性，直了成佛"。直到慧能开坛讲法，也教人"但持《金刚般若波罗蜜经》一卷，即得见性"。但若通读《坛经》一遍，这些记载就大可怀疑了。全经明文引证的佛教经典在《金刚》之外，就还有两种，即《维摩诘经》和《菩萨戒经》（《梵网经》），前者讲"理"，后者说"戒"，在《坛经》思想的构成上，二者的份量，都不比《金刚经》轻。慧能那两个被"五祖"认为已经"识心见性"的偈，所谓"佛性常清净"、"何处染尘埃"，更与《金刚经》无关。假若《金刚经》作于《坛经》之后，这偈定会成为它的批判对象。

意味更为深长的是，《坛经》在大树《金刚经》的同时，却又要慧能变革这一法统，所以一开首就说明集此《坛经》的目的，在于"承此宗旨，递相传授，有所依约，以为禀承"，记慧能的最后嘱咐也是："已后传法递相教授一卷《坛经》，不失本宗；不禀受《坛经》，非我弟子。"于是，《坛经》又让慧能自相冲突了一番。然而究其实际，能够证明慧能为嫡传正宗的，既非《金刚》，也非《坛经》，而是"衣法"；被认为"可信"程度很高的《曹溪大师别传》，又把"衣法"改为"衣钵"，而且请出好几个皇帝和皇帝的使者来，帮助肯定"衣钵"的真实性，从而证明正统之所在。呜呼！《坛经》自唱的"以心传心"，至此不仅已经流为"经教""名相"，而且在它的不肖后代那里，堕落成某种信物了，有什么真实之可信？

《坛经》中最大的纰漏，是让慧能自说"吾一生已来不识文字"，所以让他只能听客读《金刚经》，请人读神秀偈，并代写"呈自本心"偈，令法达读《法华经》等。这看起来顺理成章，但若细一考察，绝非如此。上引的《菩萨戒经》，疑属伪经；它把传统戒律着重行为的规范，转变为道德化的"正心"，《坛经》中说为"无相戒"，是非常准确地体现了该经精髓的。《坛经》采用的《维摩经》（最早译于三国）既有鸠摩罗什的译本，也有玄奘的译本，它是从魏晋南北朝以来在士大夫阶层中最为盛行，也影响最大的一种佛典。《坛经》特树的《金刚经》，其得势始于唐玄宗，被御定为佛家经典的代表，与道家的《道德经》和儒家的《孝经》三足鼎立。就是说，《坛经》提倡树《金刚经》和运用《梵网》、《维摩》，表明它是精于佛典、老于世故，经过深思熟虑的举措，绝不是偶听他人诵读而成。

不仅如此，《坛经》的真正理论纲领，是慧能所说："我此法门从上已来，顿渐皆立无念为宗，无相为体，无住为本。"这"无念""无相""无住"概念，在大乘的诸多经论里都可以找得到，似乎是老生常谈，但就《坛经》之将它们作为"宗""体""本"看，则只限于特殊的经论。《大乘起信论》谓："所言觉义者，谓心体离念。"又谓："知心无念，即得随顺入真如门。"据此而称《起信论》的宗旨为"无念"，也是恰当的。《坛经》反复强调众生"自有本觉性（亦略称"本性"）"，就直接来自《起信论》的心性"本觉"之说。南阳慧忠曾批评《坛经》关于法身与色身之说含有神论的倾向，也直接来自《起信论》。"无相为体"是来自《金刚经》，比较明显。《般若》经类，尤其是鸠摩罗什译介系统，力主"法无定相"。"相"或称"名相"，被认为只是主观的虚妄分别，不反映任何实体；或与"体"、"性"同义，是既不可肯定，也不可否定的东西，归根结底也还是名相（法相）。至于"无住为本”，多被解作《金刚经》所说的“应无所住而生起心”，究其来源实出自《维摩经》。该经在讨论“身孰为本”的问题时，结语说：“从无住本立一切法。”《坛经》所言“无住者，为人本性”，二者完全相应。其它出自《维摩》的言论，在《坛经》中可以找出许多来。那组著名的“西方净土”主张“唯心净土”的问答，是其中之一。

《坛经》中还有一些概念和命题，是出自其它未说明出处的经论。例如，“说通及心通”，来自《楞伽经》；“自性含万法，名为含藏识，思量即转识，生六识”等，属旧译之瑜伽行派经论所说的“八识”说。

诸如此类可证，《坛经》绝非不识文字的人，能够凭自“本性”说出。从史学的眼光看，《坛经》作这样的记载，或者是慧能本人在扯谎，或者是《坛经》的作者在作伪，因为“不识文字”与《坛经》的实际内容是绝对不相容的。然而，如果把《坛经》看作是中国禅佛教独立创造的一部经典，而不是一部史书，那评价就会完全改变过来，甚至可以说，它的产生，不但在中国禅宗史，以至整个佛教史上具有重要意义，即使在中国思想史和文学史上，也称得上是一座不大不小的丰碑。我建议从事哲学和文学的朋友，都能读读它。

写到这里，忽然感到距李申同志要我写的“序言”，已离题千里了。但对我而言，能够有此机会谈一谈我对《坛经》的认识方法问题，确是十分感谢的。

《坛经》版本刍议（代自序）

李 申

一、宋明清《坛经》传本诸说

据《景德传灯录》卷二十八《南阳慧忠国师语》，惠能弟子慧忠曾说："吾比游方，多见此色，近尤盛矣。聚却三五百众，目视云汉，云是南方宗旨，把他《坛经》改换，添糅鄙谈，削除圣意，惑乱后徒，岂成言教？苦哉！吾宗丧矣。"若慧忠此说为真，则惠能逝世后不久，《坛经》的版本就不能统一了。

"景德"是宋真宗年号之一，时在公元 1004 年至 1007 年间，《景德传灯录》所作，距惠能、慧忠已有二三百年。所记慧忠的话是否属实，已难查考。早于《景德传灯录》约 20 年的《宋高僧传·唐均州武当山慧忠传》，就没有这一段话。后于《景德传灯录》约 250 年的《五灯会元》，其《南阳慧忠国师》

节，也没有这一段话。因此，这段话真实程度如何？和《坛经》是否被人"添"、"削"改换，同样难以证明。

明确自认删削了《坛经》的，是宋初（一说晚唐）僧人惠昕。惠昕在《六祖坛经序》中说：

> 我六祖大师，广为学徒直说见性法门，总令自悟成佛，目曰《坛经》，流传后学。

> 古本文繁，披览之徒，初忻后厌。

于是他对这文字繁多、令人"初忻后厌"的古本《坛经》进行了删削①。据学者们研究，从 20 世纪前半期开始，陆续发现的《坛经》日本兴圣寺本、日本真福寺本、日本金山天宁寺本、日本大乘寺本，都是惠昕本的刊本或抄本。据胡适统计，惠昕本约 1.4 万字。

若惠昕序言所说为真，则惠昕所见的古本《坛经》，大约要多于 1.4 万字。

惠昕以后大约 901 年，即宋仁宗至和三年（公元 1056年），僧人契嵩得到了称为"曹溪古本"的《坛经》，契嵩对此加以校勘，由吏部侍郎郎简出资刊印（参见：郎简《六祖坛经序》）。杨曾文教授认为，契嵩所校的本子，就是惠昕曾据以改编的"古本"②。不过，契嵩所校的古本，原貌究竟如何？

---

① 周绍良教授认为"文繁"是"文词繁琐"，不是"字数多少"，难以服人。周说见周绍良编著《敦煌写本坛经原本》，第 190 页，文物出版社，1997 年。

② 杨曾文《敦煌新本六祖坛经》，第 290 页，上海古籍出版社，1993 年。

甚至契嵩是否真的见到了古本？学者们曾有不少的争论。

到了元代末年，僧人德异说自己发现了《坛经》古本，并立即将此古本刊印。明代开始，许多《坛经》版本前面都载有德异为刊印古本《坛经》所写的序，其序言称：

> 惜乎《坛经》为后人节略太多，不见六祖大全之旨。
> 德异幼年，尝见古本，自后遍求三十余载，近得通上人寻
> 到原文，遂刊于吴中休休禅庵，与诸胜士同一受用。

据杨曾文教授说，朝鲜流行的《坛经》几乎全是德异本。从明代开始，被称为"曹溪古本"的，也就是德异本。而德异本，"很可能就是契嵩本"①。这个本子，有二万余字。

德异刊印古本《坛经》的第二年，即至元二十八年（公元1291 年），僧人宗宝将三种《坛经》版本合校，编定了一个新的版本，现在通称为宗宝本。在跋文中，宗宝写道：

> 明教嵩公常赞云："天机利者得其深，天机钝者得其
> 浅。"诚哉言也。余初入道，有感于斯，续见三本不同，
> 互有得失，其板亦已漫灭。因取其本校雠，讹者正之，略
> 者详之，复增入弟子请益机缘，庶几学者得尽曹溪之旨。

从明代起，佛藏所刊载的《坛经》，以及各种《坛经》单行本，大多都是宗宝编定的《坛经》。《坛经》宗宝本，从明代开始，就成了最流行的《坛经》版本。

---

① 杨曾文《敦煌新本六祖坛经》，第 291 页，上海古籍出版社，1993 年。

清朝初年，王起隆据万历初年所刻曹溪原本，激烈批评宗宝改编《坛经》是犯了"四谤罪"，即增益谤、减损谤、戏论谤、相违谤。其中最主要的改动是：1. 将古本皆为四个字的章节名称都改为两个字。2. 将古本第一章分为两章，第九、第十两章合为一章。在有些章节之内，也有分割段落，前后移动的。3. 对正文有增、有删、有改，还将有些正文变为小字，好像是后人所加的注释。在王起隆看来，《坛经》是六祖心髓，一字不容增减，也不容窜易和颠倒。所以他要将曹溪古本重新刊行，以消除宗宝本的影响。

据杨曾文教授的研究，宗宝本和德异本（也就是曹溪古本）相比，并没有重大改动。如果这样看待宗宝本，则王起隆就不必那么严厉地批评宗宝。

宗宝说自己"增入弟子请益机缘"，如果宗宝看到的三个本子中有曹溪古本，则古本中已有弟子们请益机缘的内容，不是宗宝新增，或是宗宝所见三个版本中没有曹溪古本，那么，宗宝编定的本子和被称为曹溪古本的本子如此接近，也不易理解。

宗宝本在流行过程中，也有一些小的变动，但差异不大。如果从永乐年间佛藏刊载宗宝本《坛经》算起，在此后500年左右的时间里宗宝本《坛经》，几乎就是《坛经》的定本。类似王起隆那样的努力总有人在作，但都无法取代宗宝本的正宗地位。

二、敦煌本发现后的《坛经》版本说

1923 年，日本学者矢吹庆辉氏在伦敦大英博物馆，在斯坦因从中国掠走的敦煌文献中发现了一个新的《坛经》写本。矢吹对此本校勘后，载入《大正藏》。十余年后，铃木贞太郎（铃木大拙）与公田连太郎合作，据日本兴圣寺本，即惠昕本系统的《坛经》，又对敦煌斯坦因本进行了校订，称《敦煌出土六祖坛经》。学者们往往简称为"铃木校本"或"铃校本"。

敦煌斯坦因本（或称斯本）《坛经》的发现，使人们对《坛经》有了新的认识。这个本子仅一万二千字左右，且语言质朴，而且是迄今为止所能见到的最早的版本。据日本柳田圣山所编《六祖坛经诸本集成》中之《解题》，则敦煌本《坛经》约成于公元 780 年，早于惠昕本约 200 年，字数也比惠昕本少。

敦煌本《坛经》的发现，使人们对宗宝本《坛经》的正宗地位产生了怀疑，为了弄清《坛经》的原貌，学者们开始广泛地搜集各种《坛经》版本，并进行比较和研究。被认为是惠昕本系统的诸种版本，就是在此之后被发现的。

据日本柳田圣山所编《六祖坛经诸本集成》，所收版本为11 种。此外可能还有一些未收的版本和一些不完整的《坛经》残片。

上述十多种版本，被归为四个系统：敦煌本、惠昕本、契嵩本、宗宝本。如果主要顾及内容，而不注重于编排，则宗宝本和契嵩本又可归为一个大的系统。这样，四类版本又可归为三大系统：

1. 敦煌本，约 1.2 万字。

2. 惠昕本，约 1.4 万字。

3. 契嵩－宗宝本（包括中间的德异本或称曹溪古本），约 2 万余字。

三大系统在内容的多寡方面有着重大差别。这单从字数的多少就可以看得出来。

此外，敦煌博物馆还藏有一部完整的《坛经》写本（简称"敦博本"），北京图书馆所藏敦煌文献中，亦有一不甚完整的《坛经》写本，它们都是敦煌本系统的不同抄本。

半个多世纪以来，学者们对这些《坛经》版本进行了积极而卓有成效的研究。对于诸本之间的关系，大体可分为两种意见：

一种意见认为，《坛经》有一个原本，后来的各种版本都是在它的基础上增删而成。

另一种意见认为，《坛经》并没有一个原本，晚出的本子其内容未必晚出。

认为《坛经》有一个原本的学者，意见并不完全一致，但大体认为，敦煌本《坛经》就是最接近原本的古本，或者认为敦煌本就是原本，甚至认为敦煌本就是法海所记的、惠能大师说法的实录。惠昕本、宗宝本等，都是在敦煌本的基础上增补而成的。

比如胡适，他的《坛经考》列出了一个《坛经》演变图，其图形如下。

依胡适所说，《坛经》是惠昕弟子神会所作，敦煌本就是神会所作的原本。胡适晚年甚至认为，"最原始的《坛经》，只有 6000 字"[1]。

胡适《坛经》演变图

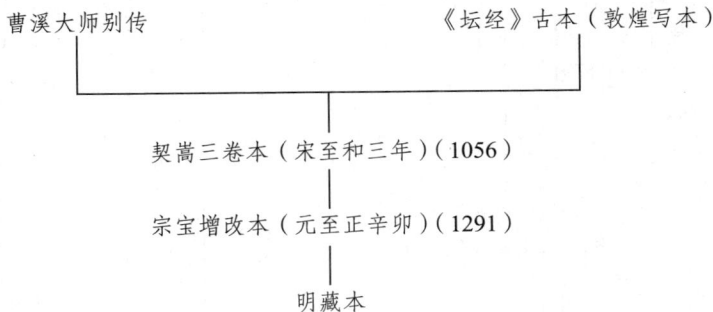

曹溪大师别传　　　　　　　　　　《坛经》古本（敦煌写本）

契嵩三卷本（宋至和三年）（1056）

宗宝增改本（元至正辛卯）（1291）

明藏本

日本石井修道作有《六祖坛经异本系统图》，其图形如下[2]：

_____

① 《胡适说禅》，第 238 页，东方出版社，1993 年。
② 据：杨曾文《敦煌新本六祖坛经》，第 192 页。

敦煌本

惠昕本
（乾德五年）（967）

契嵩本
（至和三年）（1056）

晁迥遗本
（天圣九年）（1031）

周希古刊本
（大中祥符五年）（1012）

晁子健刊本
（绍兴二三年）（1153）

存中再刊本
（政和六年）（1116）

宗宝本
（至元二八年）（1291）

五山覆刻本

兴圣寺本

金山天宁寺本

大乘寺本

德异本
（至元二七年）（1290）

真福寺本

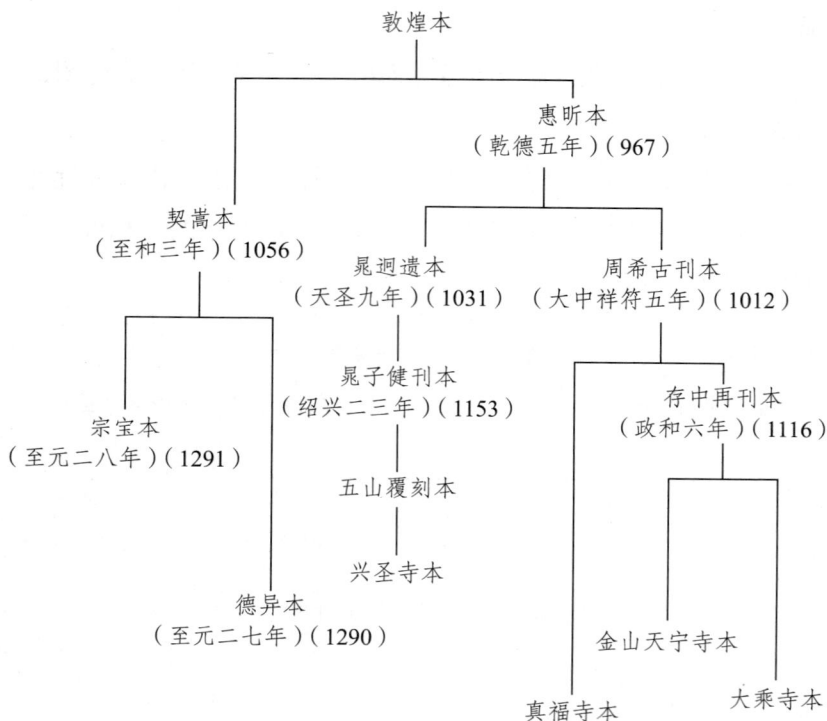

依据石井氏的这张图，已知的所有版本，都是由敦煌本演变而成的。

　　1983 年，中华书局出版了郭朋教授的《坛经校释》，这是作者在《坛经对勘》之后，对《坛经》进一步研究的成果。该书直认敦煌本《坛经》就是法海所记录的《坛经》，因而称敦煌本为法海本。并且指出：法海本《坛经》，基本上确可以说是慧能语录（因而确实可以把它当作慧能的思想"实录"来看待），后来的版本，都"对《坛经》进行了肆意的窜改"，并且"愈是晚出的《坛经》，就窜改愈多，就愈多私货"（见该书第 14 页）。

　　《坛经》研究的最新成果，当是杨曾文教授的《敦煌新本六祖坛经》。该书所说的敦煌新本，就是敦博本。作者以敦博本为底本，参以敦煌本惠昕本及其他资料，作成了一个新的校本。书后附一长篇《坛经敦博本的学术价值探讨》，其中也列

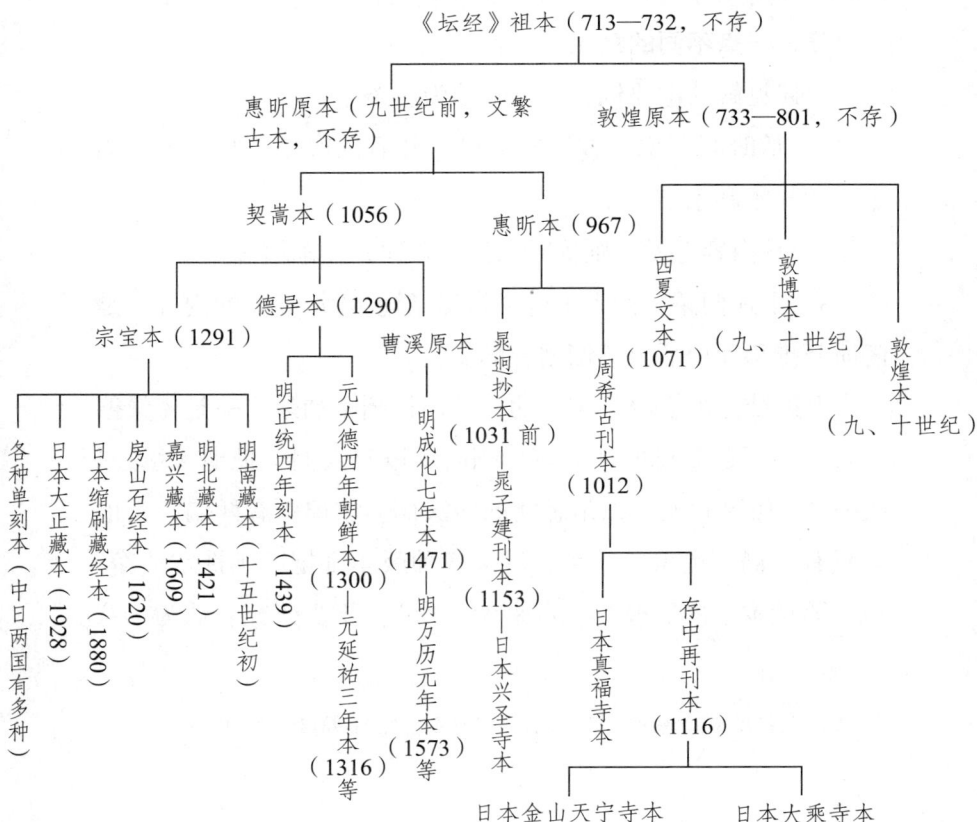

```
                          《坛经》祖本（713—732，不存）
                      ┌───────────────┴────────────────────┐
          惠昕原本（九世纪前，文繁                    敦煌原本（733—801，不存）
          古本，不存）                          ┌────────────┼────────────┐
        ┌──────────┴──────────┐          西夏文本      敦博本        敦煌本
    契嵩本（1056）         惠昕本（967）     （1071）   （九、十世纪）  （九、十世纪）
  ┌──────┴──────┐      ┌────────┴────────┐
宗宝本（1291）  德异本（1290）  晁迥抄本      周希古刊本
              （曹溪原本）    （1031前）     （1012）
```

宗宝本（1291）
各种单刻本（中日两国有多种）
日本大正藏本（1928）
日本缩刷藏经本（1880）
房山石经本（1620）
嘉兴藏本（1609）
明北藏本（1421）
明南藏本（十五世纪初）

德异本（1290）
明正统四年刻本（1439）
元大德四年朝鲜本（1300）—元延祐三年本（1316）等

曹溪原本
明成化七年本（1471）—明万历元年本（1573）等

晁迥抄本（1031前）—晁子建刊本（1153）—日本兴圣寺本

周希古刊本（1012）
日本真福寺本
存中再刊本（1116）
日本金山天宁寺本　　　日本大乘寺本

有一幅《坛经演变示意图》①。其图见前页。

杨文认为，《坛经》祖本经法海→道际→悟真所传的，是敦煌原本系统；由法海→志道→彼岸→悟真→圆会所传的，是惠昕原本系统。惠昕原本成书晚于敦煌原本，被人所添加的内容也更多。其结论仍是说，敦煌本最接近祖本，其他本都是在接近敦煌本的版本基础上增补而成。

持类似见解的还有一些学者。可以说，上述见解，是当今国际学术界关于《坛经》版本演变的主流见解。

三、一点不同的意见

上述见解的主要依据，可归结为三条：

1. 从时间上说，敦煌本最早，其后依次是惠昕本、契嵩本、德异本和宗宝本；

2. 从内容上说，则依时间先后顺序，逐渐增多；

3. 上述两条，使人很容易得出结论，《坛经》的内容，是随时间推移而由后人逐渐增补的。

上述结论由于两条重要的旁证而得到了加强。一是《景德传灯录》所载慧忠的话。慧忠当时就慨叹人们"把他《坛经》改换"，何况后人！二是惠能的传法偈。敦煌本有两偈，其他本只有一偈，更重要的是，后来各种版本都把"佛性常清净"或"明镜本清净"改作"本来无一物"。不少研究者认为，这

---

① 杨曾文《敦煌新本六祖坛经》，第 297 页，上海古籍出版社，1993 年。

个改动，严重地违背了惠能的原意，因为"本来无一物"即或不是主张"本无"，至少也是主张"性空"，而惠能是个佛性论者，他认为佛性或自性是存在的。

然而慧忠慨叹，不仅慨叹人们"添糅鄙谭"，同时也慨叹人们"削除圣意"。而后一点，则常常为主张《坛经》自原本或祖本以后内容逐渐增加的学者们所忽视。

不论慧忠是否真的说过那番话，但这话出于《景德传灯录》，至少说明，在《景德传灯录》出现的11世纪初，"削除圣意"的《坛经》版本也同时存在着。比如此前数十年的惠昕，就因"古本文繁"，而对古本进行了删削。

那么，在惠昕以前，是否也有人像他一样，对《坛经》作了删削呢？如果从慧忠的话可以推出当时就有人对《坛经》作了增补，那么，从慧忠的话，同样可推出，当时也有人对《坛经》作了删削。

也就是说，从惠能大师示寂以后，不仅有人不断对《坛经》进行增补，同时也有人不断对《坛经》进行删削。这两种过程，同样是可能的。

《坛经》的节本，到元代似仍很流行，以致德异遍求三十多年，才得到一个内容较多的古本，于是立即将此本付印。而宗宝当时所见，有三个本子，其详略各不相同，那么，在宗宝以前，就有三种本子同时流行。这三种本子中，哪一种是原本呢？

据柳田圣山所考，敦煌本《坛经》约出现于公元 780 年，杨曾文则认为在公元 733 年至 801 年之间。这是指经文，或者是敦煌原本。而我们今天所发现的敦煌写本，则是在 9 或 10 世纪抄写的。这一时期，惠昕对文字繁多的古本进行了删削。所以，杨曾文断定，惠昕本出现以后，在一个时期之内，有三种本子在同时流行。

那么，在惠昕本出现以前，当有两种本子在流行：一是敦煌本；一是文繁的古本，杨曾文称为惠昕原本。那么，这两种本子，哪一种是原本或祖本呢？或者说，哪一种本子更接近原本或祖本呢？

如果拿宗宝本、德异本、曹溪古本和敦煌本比较，一个很重要的差别是：前三种本子较为详细地记述了惠能在曹溪山中对"骈集山中"的四方士庶说的佛法，而敦煌本则对惠能大梵寺说法以后的情况一笔带过，仅说"大师往（按：往，不是"住"，诸多《坛经》校本均有误）曹溪山，韶、广二州，行化四十余年"。四十，或三十余年之中，大师行化都说了什么？则没有记述。仅此一例也足以使人产生疑问：敦煌本会不会仅是一个节本？

1982 年，《法音》第二期发表了拾文的《敦煌写本坛经是"最初"的坛经吗？》。该文不认为《坛经》的流传仅是一个由简到繁的过程，而认为是一个先由繁到简，再由简到繁的过程。这个过程是：古本（或曹溪原本）→惠昕本（或类似之本）

→敦煌本（或类似之本）→契嵩本（复原本）。

这篇文章的作者也认为有一个原本或祖本，不过这个原本不是接近敦煌本，而是接近曹溪古本；敦煌本，仅是这个原本的节本。这样作者就鲜明地描述了一个和过去诸多见解不同的历史过程。

然而，作者心目中的原本，也仅是推测。说敦煌本是曹溪原本或惠昕本的节本，也有许多问题说不清。节本的内容不应多出原本，但敦煌本文字虽少，却也有许多其他诸本所没有的内容。特别是那个传法偈，其他本都是一首，只有敦煌本是两首，而且没有"本来无一物"句。这种情况，也使人很难把敦煌本看作其他诸本的节本。

第二种意见，不认为《坛经》有一个原本，其代表性人物是任继愈先生和杜继文教授。

任继愈先生《敦煌坛经写本跋》，原载《1983 年全国敦煌学术讨论会文集（文史·遗书编下）》，后收入《任继愈学术论著自选集》。该文认为，《坛经》是惠能禅宗的言行录，弟子们的记录有出入，有详略，这是自然的事情。因此，《坛经》的版本当不止一种，不能据敦煌本就说其他版本都是伪造的。有些版本虽成书较迟，其思想却可能很早。该文举出"风幡之辩"，认为此事虽不见于敦煌本《坛经》，但早于敦煌本的《历代法宝记》却有记载，这就不能说其他版本中的"风幡之辩"都是后人伪造或添加的。

1993 年 8 月，杜继文和魏道儒出版了他们合著的《中国禅宗通史》，其第三章第三节有《坛经的种类和演化》一段，其中指出，"本来无物"是希运（？—855 年）的重要命题之一，所以，《坛经》中"本来无一物"的偈语决不是惠昕带头妄加的。惠能要惠明认自己本来面目，惠明大悟，说"如人饮水，冷暖自知"等话，也是早由希运说出，不是契嵩胡加的内容。仰山慧寂在复述他老师灵祐关于惠能得法始末的说法时，有许多内容和希运所说相同。因此，不能说这些内容都是后人的伪造。惠昕和契嵩都说见到一个文字颇繁的古本，也不全是假托。杜继文得出结论，说《坛经》是"集体产品，比推测它只有一个原本要全面"①。

经是佛的言行录，《坛经》就是六祖惠能的言行录。反过来说，惠能大师的言行都是经。惠能不是世俗的皇帝，无专人为他作起居注。惠能的言行，存在于弟子们的记忆中。惠能传道弘法数十年，任何弟子，都无法周知惠能的一切。其间的详略、出入，不仅在情理之中，而且是一种必然。数十年间，弟子们有来有往，来者受法，往者也就带走了所受之法。惠能不立文字，主张以心传心。往者所带走的佛法，往往只有自己知道。由于中国版图广大，交通不便，弟子们又往往各立宗派，相互冰炭水火，在这种情况下，要把惠能的重要言行都收集起

---

①　杜继文、魏道儒《中国禅宗通史》，第 182 页，江苏古籍出版社，1993 年。

来，写成一个统一的《坛经》，短时期内，是根本不可能的。这需要上百甚至数百年的时间，其他佛经是这样，《坛经》也是这样。而经中所载，也都是弟子们，甚至弟子的弟子们"如是我闻"的内容。作为后人，人们无法判定某些"如是我闻"为真，而另一些"如是我闻"为假。

在判断古籍真伪问题上，最容易出错的方法，就是自己立定一个标准，并据此判定哪些是真，哪些是假。

学者们常常引用慧忠的话。据慧忠所说，被人改换的《坛经》内容，一是身坏神不灭说，二是无情无佛性说。慧忠认为，这都是外道之说，因而是和南宗宗旨相违背的。然而，这两方面的内容，在敦煌本中都有[①]。因此，依慧忠的榜样，敦煌本决不是接近原本的版本，更不会是惠能大师的思想实录。而慧忠所见，当是另一种本子，可惜今天已无从知道慧忠所见本的原貌了。

柳田圣山所编《六祖坛经诸本集成》中，收有一个流布本，系万历甲申年（1584 年）抄本，该本"付嘱第十"标目之下，有一行小字道："空谷云：此下七百七十九字，是金天教人伪造邪言，刊板增入。"空谷所说的金天教邪言，就是惠能付嘱十大弟子的三十六对法。敦煌本《坛经》中，也有讲三十六对法的 700 余字。如依空谷的意见，则敦煌本决不是接

---

① 　参阅：杜继文、魏道儒《中国禅宗通史》第三章。

近原本的版本，更不会是慧能思想的实录。

　　据杨曾文的判断，宗宝本和德异本内容基本相同，而德异本就是曹溪古本，曹溪古本很可能就是契嵩本，而契嵩本所据，即惠昕原本。而惠昕又是晚唐宋初人，那么，这个判断很可能是正确的。宗宝本的基本内容当在唐代，至少在唐末五代，已广泛流行。而元代以后，则逐渐成为最流行的版本。这就是说，宗宝本的基本内容，在上千年的漫长时期里，曾为僧尼道俗广泛信奉，被认为是《坛经》的内容，影响着中国人的思想，并流布日本、朝鲜等国。指摘契嵩、宗宝作伪的证据，又难以成立，在这种情况下，我们就不应拿偏处一隅、又长期淹没无闻的敦煌本来取代宗宝本的地位。

　　敦煌本的发现，有重大的学术价值。然现有的数种校本，不仅均有错、漏，而且多是据惠昕本来校敦煌本[1]。如像校者所说，惠昕本是对敦煌本的窜改，那么，据窜改后的本子来校底本或接近底本的版本，就是本末倒置；若认为惠昕本属另一系统，则用惠昕本校敦煌本就是乱了谱系。不论哪种情况，用惠昕本校敦煌本都是不合适的。不过，对于矢吹和铃木来说，当时只发现了一个敦煌本，且被认为是孤本，用兴圣寺本校敦煌本可说是一种不得已，因而是可以理解的。但是在今天，我们就不应再重复前人的错误。

----

　　①　笔者另有《三部敦煌〈坛经〉校本读后》(本书有附录)。

　　笔者不揣浅陋，亦作一敦煌《坛经》校本，供读者批评。本校本曾承杜继文、赖永海、秦惠彬、方广锠、潘桂明、张新鹰、李曦等先生帮助，或给以指导，或提出批评，或惠赠材料，或译介文献，感激之情，非言语可表，谨志如上。

　　至笔者交稿时止，学术界又出现了几个敦煌《坛经》校本，然校勘思想与文中提到之铃、郭、杨等校本大体一致，故笔者认为，本校本仍有自己的价值，故敢献丑于学界师友同仁之前，并感谢愿意出此书的山西古籍出版社及宁志荣同志。

1998 年 8 月 27 日

敦煌坛经合校、注译说明

李 中

合校

现存《坛经》版本分属若干系统，敦煌写本是其中一大系统。本书初版时，发现的敦煌写本共有六种：一、敦煌斯坦因本（S.5475，简称斯本）；二、敦煌县博物馆本（敦博077，简称敦博本）；三、北京图书馆藏敦煌写本（BD.04548，简称北本）；四、方广锠发现北京图书馆藏敦煌写本残片（BD.08958，简称方本）；五、旅顺博物馆藏敦煌写本残片（简称旅本）；六、西夏文写本残片（简称西夏本）。由于后四写本残缺严重，有的只有数十或百余字，旅顺博物馆本（旅本）亦只发现一页，所以当时只能以较为完整、且抄写质量较好的敦煌博物馆本为底本，参考他本合校。

2009 年，旅顺博物馆发现完整的敦煌《坛经》写本（旅本），其文字的准确度超越各本，故此次修订，多依据旅本，而以其他版本参校。

从敦煌斯坦因本被发现开始，到目前为止，学术界对敦煌本的整理和研究就没有间断。数年前，一个偶然的机会，使我闯入了敦煌《坛经》的整理领域。当时我所见的重要校本有三个：1. 铃木贞太郎和公田连太郎校本（铃本）；2. 郭朋校本（郭本）；3. 杨曾文校本（杨本）。发现铃本据兴圣寺本校改斯本，不免移此作彼；郭本未见写本原貌，仅以铃本为底本，难以避免失真；杨本以敦博本为底本，但仍沿袭铃木方法，主要以兴圣寺本为据，其删改处许多颇可商议。这些校者虽均以为敦煌本《坛经》是最早的版本，甚至认为敦煌本《坛经》就是惠能思想的实录，多出于此的内容都是后人所加，但由于其校订思想，他们均未能恢复敦煌本原貌。当时我曾写了一篇《三部敦煌＜坛经＞校本读后》（见附录），并将当时所见的四个版本（斯本、敦博本、北本、旅本）合校，发表于《国际汉学》。该文发表以后，国内又出现了几个重要校本（比如邓文宽校本、周绍良校本），这些校本都各有自己的长处，但在恢复敦煌本原貌上仍然不能尽如人意，其主要表现，就是仍有不少地方是仅仅根据自己的理解而校改经文。

鉴于上述情况，本校本自订校勘原则如下：

本校本之目的，在于尽可能保持与恢复敦煌本之原貌；

二、为此，本校本初版以敦博本为底本，以其它五种敦煌写本参校。此次修订，则多依据旅本，而以其他版本参校，原则上仍然仅限于改正错字；

三、凡明显为错字、笔误、变体字、古今字或异体字者，径直校改，一般不再出校，如波—般，剌—刺，孝—学，代—伐，姓—性，受—授，净—静，卖—买，容—客，令—今，惠—慧，吾—悟，青—清，座—坐，即—既，名—迷，曾—增，指—旨，竟—境，遼—缭，知—智等等；

四、第三条所列情况以外有校改者，一律出校；

五、对所据旅本无校改，但其它敦煌写本与旅本有重要不同者，亦出校，以方便读者审查取舍之是非；

六、凡铃、郭、杨、邓、周校本已取得之成果，尽量吸取并出校注明；有重要异见者，也出校说明；有不及一一注明处，尚请谅解；

七、分段分章基本依铃、郭、杨本，以方便读者；

八、此次修订，为每章增加了一个标题，以便初学者。

限于水平，误、漏、错、讹当所难免，也有心知当改而不便轻改者，尚待高明者赐正。

简注

本人学浅，故文义注释请方广锠学兄代劳，特此致谢。

对文义的注解为章后尾注，标志为①、②……

今译

此次修订，最重要的是增加了今译部分，以便更多的读者阅读。本来多年以前，潘桂明学兄曾有一敦煌《坛经》译本，这次也准备请潘兄今译，奈何潘兄龙体欠安，只好由我勉强从事。我对佛学所知甚浅，其间不确切处一定不少，盼望得到各方批评。

在今译时，发现原来的分章也不尽合理，因约定俗成已久，故暂不改动。

1998 年 6 月 初撰

2017 年 12 月 修订

敦煌坛经合校译注

（原题：南宗顿教最上大乘摩诃般若波罗蜜经^①
　　　　六祖惠能大师于韶州大梵寺施法坛经^②一卷）
（原署：兼受无相戒^③弘法弟子法海集记）〔一〕

【校记】

〔一〕标题问题可商议处，请参看附录：方广锠《谈敦煌本〈坛经〉标题的格式》。

【简注】

①南宗：指禅宗惠能系，因主要流传南方，故称。与流传于北方的神秀系相对。时有"南能北秀"的说法。

顿教：惠能系自称本系的基本主张为"顿悟"，指斥神秀系主张"渐悟"，并以"顿悟"作为本系理论的主要标志之一。

最上大乘：大乘为印度佛教的主要派别之一，与小乘相对，主张以六度普度众生，以求佛道。中国佛教主要流传大乘。大乘亦有诸多派别与思想，"最上"为禅宗南宗僧人对本宗的美称。

摩诃般若波罗蜜：摩诃，为梵文音译，意谓"大"，为美称。般若波罗蜜，为梵文音译，意谓"智度"，为大乘佛教六度之一。

印度佛教般若思想在中国影响甚大，该派主张由智慧而达佛道，亦即所谓"般若是诸佛之母"。

经：佛教传统，凡佛金口所说，方可称为"经"，非佛所说而妄称"经"者，概为伪经。

此为敦煌本《坛经》之正题。意谓"宣说佛教大乘中最高的、禅宗南宗顿教的大智度经"。该题显然非《坛经》原题，而是在北方流传，与神秀系争夺正统时所冠。符合敦煌本《坛经》为神会系传本的特点。

②六祖：指惠能。南宗认为惠能是达摩、慧可、僧璨、道信、弘忍递传的禅宗第六代正统祖师。

惠能（638—713）：禅宗南宗的创始人，或谓中国式佛教宗派禅宗的实际创始人。本经的说法者。

大师：对佛教僧人的尊称。

韶州：唐代州名，治所在今广东曲江县。

大梵寺：在韶州城内。《佛光大辞典》引《广东通志》卷二二九，谓该寺乃唐开元二年（714）由僧宗锡所建，初名开元寺，后改称大梵寺。此说为诸多注家所从。但惠能卒于713年，故此说有误。唐开元初年，诸州据朝廷敕令修建官寺开元寺，往往有以现成寺院换额改称者。因此，如大梵寺与开元寺确有递承关系，则此寺原称大梵寺，开元二年（714）换额改称开元寺。

施法：佛教认为僧人说法乃是向听法者布施佛法，故称。

坛：梵文曼荼罗之意译。原指修持佛法时所筑供养佛像、菩萨像、供养具等的土台或木台，其构筑有一定的规范与仪轨。此处指为尊重惠能教法，所修筑的供他说法的台子。

　　此为敦煌本《坛经》的副题，但从其他诸《坛经》流通本的题目看，这个副题更接近《坛经》最初的原题。

　　③兼受无相戒：表示本文献除了有惠能施法的内容以外，还兼有惠能为听法者授无相戒的内容。一个文献中兼有其他内容时，敦煌遗书往往用细字于标题、卷次下注出。

一、惠能升座

惠能大师于大梵寺讲堂中，升高座，说摩诃般若波罗蜜法，授无相戒①。其时座下僧尼道俗一万余人，韶州刺史韦据〔一〕及诸官僚三十余人，儒士余人〔二〕，同请大师说摩诃般若波罗蜜法。刺史遂令门人僧法海集记，流行后代，与学道者，承此宗旨，递相传授，有所依〔三〕约，以为禀承，说此《坛经》。

【校记】

〔一〕韦据，敦博本作"违处"，斯本作"等据"。敦博本卷末有"韶州刺史韦据立碑"，同旅本。诸校本多据惠昕本改作"韦琚"。

〔二〕儒士余人，铃、郭、杨等校本悉从惠昕本改作"儒士三十余人"。

〔三〕依，斯本作"于（於）"，邓本认为是唐、五代河西方音同音互通。

【今译】

惠能大师在大梵寺讲堂中，登上高座，讲说摩诃般若波罗蜜法，传授无相戒。当时座下有僧人尼姑与修道的和世俗的听众一万多人，韶州刺史韦据和官吏三十多人，儒士若干人，一同恳请大师讲说摩诃般若波罗蜜法。刺史还让门人法海进行记录，以便流传后代，给学道的人，接续这个宗旨，次第传授，有所依据和约束，作为禀受和继承，于是讲说了这部《坛经》。

【简注】

①无相戒：惠能创立的禅宗戒法。惠能认为诸法性空，佛性本净。无相戒即以该清净佛性作为戒体。因佛性无相，实相为空；诸法既空，罪性亦空。持戒者心无系缚，远离执着，视诸戒犹如虚空。惠能对戒律的基本态度即《坛经》所谓"心平何须持戒，行直焉用参禅"。因此在实际修持中，也不如其他戒法有日常的仪轨与行相，故曰"无相戒"。根据《坛经》，授无相戒包括归依自性三身佛、发四弘愿誓、无相忏悔、三性三归依戒等内容。

二、惠能家世与求佛

能大师言："善知识，净心念摩诃般若波罗蜜法。"

大师不语，自心净神[一]，良久乃言：

善知识静听。惠能慈父，本官范阳①，左降，迁流[二]南新州百姓。惠能幼小[三]，父亦[四]早亡。老母孤遗，移来南[五]海。艰辛贫乏，于市卖柴。忽有一客买柴，遂领惠能至于官店。客将柴去，惠能得钱。却向门前，忽见一客读《金刚经》。惠能一闻，心明便悟。乃问客曰："从何处来，持此经典？"客答曰："我于蕲[六]州黄梅县东冯墓山礼拜五祖弘忍和尚，见今在彼门人有千余众。我于彼听见大师劝道俗，但持《金刚经》一卷，即得见性，直了成佛。"

惠能闻说，宿业有缘，便即辞亲，往黄梅冯墓山礼拜五祖弘忍和尚。

【校记】

〔一〕自心净神，敦博本作"自净心神"。

〔二〕敦博本此处有一"岭"字，旁有删除符号。"左降，迁流……"标点，参考潘桂明《（敦煌）坛经全译》稿本。

〔三〕幼小，敦博本作"幼少"。

〔四〕亦，旅本作"少"。

〔五〕斯本无"南"字。

〔六〕蕲，敦博本作"新"。

【今译】

惠能大师说道："善知识，澄净心神，念诵摩诃般若波罗蜜法。"

大师沉默不语，从自己心里清除杂念，许久，方开口发言：

善知识，请仔细听讲。惠能慈爱的父亲，本来在范阳做官，被贬职，迁移流放到南方，做新州百姓。惠能幼小的时候，父亲也亡故了。留下孤单老母，又搬到南海。艰难困苦，贫穷劳乏，在市上卖柴。一天，有一位客人买柴，并领惠能到一家官店。客人买了柴去，惠能得了柴钱。回到门前，猛然见到一位客人读《金刚经》。惠能一听，心中明了，即刻领悟。就问这位客人："从什么地方来的，持有这部经典？"客人回答说："我在蕲州黄梅县东冯墓山中，礼拜弘忍和尚，见到那里如今有弟子上千人之多。我在那里听见大师劝告修道的和世俗的人们，只要持有《金刚经》一卷，就可以得见本性，直接成佛。"

惠能听说，也是前世有缘，就辞别娘亲，去黄梅冯墓山礼拜五祖弘忍和尚。

【简注】

①本官：斯本、敦博本均同。诸校本则多据惠昕本改作"本贯"。按：此处以"本官"为正，意谓惠能父亲曾经在范阳为官，故下文曰"左降，迁流……"云云。

至于惠能"本贯"范阳之说，最早见于《神会语录》："能禅师……俗姓卢，先祖范阳人也。"神会将《坛经》中的"慈父本官范阳"，改为"先祖范阳人也"，或因魏晋南北朝以来，卢姓之郡望为范阳之故。神会的说法为王维以下承袭，致惠昕本《坛经》改"本官"为"本贯"，影响甚大。

三、求佛法遭斥

弘忍和尚问惠能[一]曰："汝何方人，来此山礼拜吾？汝今向吾边复求何物？"

惠能答曰："弟子是岭南人，新州百姓，今故远来礼拜和尚。不求余物，唯求佛法作①。"

大师遂责惠能曰："汝是岭南人，又是獦獠②，若[二]为堪作佛法[三]？"

惠能答曰："人即有南北，佛性即无南北。獦獠身与和尚不同，佛性有何差别？"

大师欲更共议，见左右在旁边，大师更便[四]不言，遂发遣惠能，令随众作务。时有一行者，遂差[五]惠能于碓坊踏碓八个余月。

【校记】

〔一〕惠能，旅本作"能惠"。

〔二〕敦博本"若"后有一"未"字。

〔三〕斯本无"法"字。

〔四〕斯本无"便"字。

〔五〕差，敦博本作"著"。

【今译】

弘忍和尚问惠能道："你是什么地方人，来这山里礼拜我？你现在到我这里又是想求个什么东西？"

惠能回答说："弟子是岭南人，新州的百姓，今天有幸远来礼拜和尚。不求别的，只求做佛法。"

大师就责备惠能说："你是岭南人，又是獦獠，怎能够做得佛法？"

惠能回答说："人即便有南北，佛性却没有南北。獦獠身份与和尚不同，佛性有什么差别？"

大师和惠能好像还有话说，看见有人在旁，也就不再言语。于是指示惠能，让他和大家一起做事。当时有一位行者，就派惠能到碓坊踏碓八个多月。

【简注】

①唯求佛法作：斯本、敦博本均同。诸本则有据惠昕本改作"唯求作佛"者，有改作"唯求作佛法"者。按：此为当时口语，

且语义可通，故不宜改。

②獦獠："獦"是一种野兽的名字，"獠"为凶恶貌。"獦獠"乃唐时对南方少数民族的一种蔑称。因惠能来自岭南，故以此称之。或曰，"獦獠"乃"仡佬"之异称，可备一说。

四、五祖征偈

　　五祖忽于一日唤门人尽来。门人集讫[一]，五祖曰：“吾向汝[二]说，世人生死事大，汝等门人终日供养，只求福田，不求出离生[三]死苦海。汝等自性迷，福门何可救[四]汝①？汝总②且归房自看，有智慧[五]者，自取本性般若之知[六]，各作一偈呈吾。吾看汝偈，若悟大意者，付汝衣法，禀为六代。火急作[七]。”

【校记】

〔一〕讫，诸本作“记”，当是笔误。

〔二〕汝，斯本作“与”。

〔三〕旅本无“生”字。

〔四〕救，敦博本作“求”。

〔五〕慧，敦博本作“事”。

〔六〕之知，斯本作"知之"。知，通智。

〔七〕火急作，斯本、旅本作"火急急"。

【今译】

　　五祖忽然有一天召唤门人们都来。门人集合完毕，五祖说："我对你们说，世人生死事大，你们这些门人整天供养，只求福田，不求脱离生死苦海。你们这些人自己本性迷失，福田这道门怎能拯救你们？你们都暂且回房自己察看，有智慧的，自己运用本性的般若智力，各自作一首偈给我。我看你作的偈，如果领悟大意，就给你法衣佛法，禀承为第六代祖师。火急作去！"

【简注】

　　①福门何可救汝：敦博本作"福门何可求汝"，误，此据斯本订正。又"福门"疑为"福田"之误。按：五祖弘忍此语意谓：解脱生死，才是人生最主要的事情。现在门人们只知求福田，不知追求出离生死。而福田只能让人在此生或来世得到更好的境遇，却不能使人超脱三界火宅。所以说"福门（田）何可救汝"。

　　诸校本此句大多校作"汝等自性迷，福门何可求"，误。福门（田）是可求的，只是不能使人得到真正的解脱而已。又，诸校本将"汝"字下连后，下文成为"汝汝"，不通，于是又根据惠昕本将"汝汝"改为"汝等"，因误致误。

　　②总：口语，"都"、"全部"之意。下文"尽总却回"，为同一用例。

五、众人不作偈

门人得处分，却来各至自房。递相谓言："我等不须呈心①用意作偈，将呈和尚。神秀上座是〔一〕教授师，秀上座得法后，自可依〔二〕止，请不用作。"诸人息〔三〕心，尽不敢呈偈。

时〔四〕大师堂前有三间房廊，于此廊下供养，欲画楞伽变，并画五祖大师传授衣〔五〕法，流行后代为记。画人卢〔六〕玲〔七〕看壁了，明日下手。

【校记】

〔一〕敦博本"是"后有一"故"字。

〔二〕依，斯本作"于"。

〔三〕息，敦博本作"识"。

〔四〕敦博本无"时"字。

〔五〕衣，敦博本作"于"。

〔六〕卢，敦博本作"唐"。

〔七〕玲，敦博本作"坽"，斯本作"玲"。现代诸校本多据惠昕本改作"珍"。

【今译】

门人得到指示，各自回到自家房内，交头接耳地说道："我们都不必挖空心思作什么偈，呈给和尚。神秀上座是教授我们的老师，秀上座得了法，自然可以依靠，请不必作。"大家死了心，都不敢呈偈。

当时五祖大师堂前有三间走廊，在这走廊下供养，想画《楞伽经》变相，并画五祖大师传授法衣佛法，流传后代作为凭证。画师卢玲看完了墙壁，准备明天动手。

【简注】

①呈心：斯本、敦博本均同。诸校本或据惠昕本改作"澄心"，误。"呈心"者，呈露心地之意。下文叙神秀自思惟时，作"呈意即善"、"若不呈心，修不得法"，均为同一种用例。

六、神秀呈偈

上座神秀思惟:"诸人不呈心偈,缘我为教授师。我若不呈心偈,五祖如何得见我心中见解深浅?我将心偈上五祖,呈意即善,求法、觅祖不善,却同凡心夺其圣位。若不呈心,修①不得法。"良久思惟:"甚难甚难,甚难甚难〔一〕。"

夜至三更,不令人见,遂向南廊下中间壁上题作呈心偈,欲求衣〔二〕法:"若五祖见偈,言此偈语,若访觅我,我见和尚,即云是秀作。五祖见偈,言不堪,自是我迷〔三〕,宿业障重,不合得法。圣意难测,我心自息。"

秀上座三更于南廊下〔四〕中间壁上,秉〔五〕烛题作偈。人尽不知〔六〕。偈曰:

身是菩提树,心如明镜台。

时时勤拂拭,莫使有尘埃。

【校记】

〔一〕敦博本少一"甚难甚难"。

〔二〕衣，斯本作"于"、旅本作"依"。

〔三〕斯本无"见和尚……自是我迷"十九字。

〔四〕下，敦博本、旅本无。

〔五〕秉，敦博本误作"事"。

〔六〕知，斯本作"和"。

【今译】

上座神秀心想："大家都不呈心作偈，因为我是教授他们的老师。我若也不呈送心偈，五祖如何得知我心中见解深浅？我把心偈奉上五祖，呈送自己见解就是善事；为求衣钵佛法、想做祖师，就不是善事，就像俗人处心夺取圣位。假若不呈上心意见解，就修炼不到师父的佛法。"左思右想："很难很难，很难很难。"

夜半三更，（神秀）不让人看见，就到南面走廊中间墙壁上写下所作的呈心偈，要追求法衣佛法："假如五祖看到偈，赞成这偈语，若还找到我问，我见到和尚，就说是我神秀作的。五祖见到偈，说不行，那就是我迷误，宿业障碍深重，不应得到法衣佛法。圣人的意思难以猜度，我也就死了心了。"

上座神秀夜半三更就在南廊中间的墙壁上，手持蜡烛写下了偈。大家都不知道。偈文是：

身体就是菩提树，心灵好像明镜台；

时时处处勤擦拭，不要让它染尘埃。

【简注】

①修：斯本、敦博本均同。诸校本均据惠昕本改作"终"。写本"修"、"终"字形相近，确有因此致误的可能。但若将"修"作"修持"解，全句意为"如果不呈露心地，就会修持不到佛法"，似亦可通。

七、五祖评神秀偈

神秀上座题此偈毕，却〔一〕归房卧，并无人见。

五祖平旦，遂唤卢供奉来南廊下画楞伽变。

五祖忽见此偈，请记①。乃谓供奉曰："弘忍与供奉钱三十千，深劳远来，不画变相也。《金刚经》云：'凡所有相，皆是虚妄。'不如留〔二〕此偈，令迷人诵。依此修行，不堕三恶。依法修行，人〔三〕有大利益。"

大师遂唤门人尽来，焚香偈前。众人见已〔四〕，皆生敬心。"汝等尽诵此偈者，方得见性。依〔五〕此修行，即不堕落。"门人尽诵，皆生敬心，唤言"善哉"。

五祖遂唤秀上座于堂内门〔六〕："是汝作偈否？若是汝作，应得我法。"秀上座〔七〕言："罪过！实是神秀作。不敢求祖〔八〕，愿和尚慈悲，看弟子有少〔九〕智慧，识大意否？"五祖曰："汝作此偈，见即来到〔一〇〕，只到门前，尚未得入。凡夫依此偈修行，即不堕落。作此见解，若觅无上菩提，即未〔一一〕可得。须〔一二〕入得门，见自本性。汝且去，一两日来〔一三〕思惟，更作一偈来呈吾。若入得门，见〔一四〕自本性，当付汝衣法。"

　　秀上座去数日，作〔一五〕不得。

【校记】

〔一〕斯本、旅本无"却"字。

〔二〕留，斯本作"流"。

〔三〕敦博本无"人"字。

〔四〕众人见已，斯本作"人众人见"、旅本作"众人见"。

〔五〕依，斯本作"于"。

〔六〕门，郭、杨、邓等本均改为"问"。

〔七〕敦博本无"座"字。

〔八〕祖，敦博本作"但"。

〔九〕少，斯本作"小"。

〔一○〕即来到，敦博本作"解"。

〔一一〕未，敦博本作"不"。

〔一二〕须，敦博本作"要"。

〔一三〕敦博本、旅本无"来"字。

〔一四〕敦博本无"见"字。

〔一五〕敦博本"作"后有"偈"字。

【今译】

神秀上座题完这个偈，就回房休息，并没人看见。

五祖第二天早晨，就让卢供奉来南廊下画《楞伽经》变相。

五祖忽然看见这首偈，让记下。就对卢供奉说："弘忍给供奉钱三十千，深切劳烦远道而来，不画变相了。《金刚经》说：'凡是有相状的，都是虚妄。'不如留下这个偈，让迷误的人们诵念。按照这个偈文修行，不堕三恶道。按照这个办法修行，人就有大利益。"

大师就把门人们都叫来，在偈文前焚香。众人看见了，都产生崇敬之心。"你们都要诵念这个偈文，才能见到本性。按照这个偈文修行，就不会堕落。"门人们都诵念这个偈文，都产生崇敬之心，喊道"善哉！"

五祖随即唤神秀到堂内问道："是你作的偈吗？如果是你作的，应该得到我的法衣佛法。"神秀上座回答："惭愧，确实是神秀作。不敢追求做祖师，希望和尚发慈悲，看弟子是否有点智慧，领会了佛法大意？"五祖说："你作这首偈，见解即使来到，也只到门前，还没有入门。若是凡夫俗子，按照此偈修行，就不会堕落。作这样的见解，要求得至高无上的菩提，还是无法得到。必须入得门，见到自己本性。你暂且回去，思索一两日，再作一偈呈我。假若入得门，见到自己本性，就给你法衣佛法。"

神秀上座去了几天，作不出来。

【简注】

①请记：斯本、敦博本均同。诸校本或有改为"读讫"者。

八、惠能呈偈

有一童子，于碓坊边过，唱[一]诵此偈。惠能[二]一闻，知未见性，即识大意。能问童子："适来诵者，是何言偈？"童子答能曰："你不知大师言生死事[三]大，欲传衣[四]法，令门人等：'各作一偈来呈吾[五]看，悟[六]大意即付衣法，禀为六代祖。'有一上座名神秀，忽于南廊下书无相偈一首。五祖令诸门人尽诵。悟此偈者，即见自性；依此修行，即得出离。"

惠能答曰："我此踏碓八个余月，未至堂前，望上人引惠能至南廊下，见此偈礼拜。亦愿诵取，结来生缘，愿生佛地。"

童子引能至南廊下[七]，能即礼拜此偈。为不识字，请一人读。惠能闻[八]已，即识大意。惠能亦作一偈，又请得一解书人于西间壁上题著，呈自本心。不识本心，学法无益。识心见性，即悟大意。惠能偈曰：

菩提本无树，明镜亦无台。

佛性常清净，何处有尘埃。

又偈曰：

心是菩提树，身为明镜台。

明镜本清净，何处染尘埃。

院内徒众见能作此偈，尽怪。惠能却入碓坊。

五祖忽来廊下[九]，见惠能偈，即[一〇]知识大意。恐众人知，五祖乃谓众人曰："此亦未得了。"

【校记】

〔一〕唱，敦博本作"此"。

〔二〕敦博本"能"后有一"及"字。

〔三〕事，斯本作"是"。

〔四〕衣，斯本作"于"、旅本作"依"。

〔五〕斯本无"吾"字。

〔六〕悟，敦博本作"吾"。

〔七〕敦博本、旅本无"下"字。

〔八〕斯本漏"能"字。闻，斯本、旅本作"问"。

〔九〕斯本无"来廊下"。

〔一〇〕斯本"即"后有一"善"字。

【今译】

有一个童子，从碓房边经过，唱诵这个偈文。惠能一听，知道没有见性，也就领会了佛法大意。惠能问童子："刚才诵念的，是什么偈？"童子回答惠能说："你不知道大师说生死事大，要传授法衣佛法，让门人们：'各作一偈来呈送给我看，领悟佛法大意的就传给他法衣佛法，禀承为第六代祖师。'有一位上座名叫神秀，忽然在南廊下书写无相偈一首。五祖让门人们都要诵念。领悟这偈的，就是见到本性；按照这偈修行，就可解脱。"

惠能回答说："我在这里踏碓八个多月，没有到过堂前，请上人带我到南廊下，看看这首偈行个礼。我也愿意取来诵念，缔结来生缘分，盼望往生佛地。"

童子带惠能到南廊下，惠能就礼拜这首偈。因为不识字，请了一个人来诵读。惠能听了以后，就领会了大意。惠能也作一首偈，又请来一位能书写的在西边墙壁上题写，呈露自己本心。不认识本心，学习佛法也没有益处。认识本心、见到本性，就悟得了大意。惠能的偈文是：

菩提本来没有树，明镜也无什么台。

佛性永远清又净，哪里会有尘和埃！

又作偈道：

心灵本是菩提树，身体才是明镜台。

明镜本来清又净，哪里能够染尘埃！

院子里的人们看见惠能作这首偈，都很奇怪。惠能则回到了碓房。

五祖忽然来到廊下，看见惠能的偈，就知道领会了大意。害怕众人知道，五祖就对众人说："这也没有说透。"

九、五祖传法

　　五祖夜至三更，唤惠能堂内，说《金刚经》。惠能一闻，言下便悟。其夜受法，人尽不知。便传顿教〔一〕及衣："汝〔二〕为六代祖，衣将〔三〕为信禀①，代代相传。法以心传心，当令自悟。"五祖言惠能："自古传法〔四〕，气如悬丝〔五〕。若住此间，有人害汝，汝〔六〕即须速去。"

【校记】

〔一〕教，斯本、旅本作"法"。

〔二〕汝，敦博本、旅本作"以"。

〔三〕衣将，敦博本作"将衣"。

〔四〕法，敦博本作"去"。

〔五〕丝，敦博本作"兹"。

〔六〕敦博本无"汝"字。

【今译】

　　五祖在夜里三更，唤惠能来到堂内，讲解《金刚经》。惠能一听，马上领悟。这天夜里接受了佛法，人们都不知道。（五祖）就传授了顿教和法衣："你做第六代祖师，法衣将作为禀承信物，代代相传。佛法要以心传心，应当让人们自己领悟。"五祖对惠能说："自古以来，法嗣传授，命悬一线。你若还在这里，会有人害你，你必须马上离开。"

【简注】

　　①衣将为信禀：敦博本作"将衣为信禀"，误，此据斯本改正后，文从字顺。诸校本或有失校而据惠昕本补字者，或有失校而自行补字者，似均不妥。

十、五祖送别

能得衣法，三更发去。五祖自送能至〔一〕九江驿，登时便别〔二〕。五〔三〕祖处分："汝去努力，将法向南，三年勿弘此法。难起〔四〕在后，弘化善诱。迷人若得心开，与悟〔五〕无别。"辞违已了，便发向〔六〕南。

【校记】

〔一〕至，斯本作"于"，敦博本作"生"。

〔二〕别，斯本作"悟"。

〔三〕斯本无"五"字。

〔四〕起，斯本作"去"。

〔五〕与悟，斯本作"汝悟"，旅本作"与吾"。

〔六〕敦博本无"向"字。

【今译】

惠能得到法衣佛法，三更出发逃离。五祖亲自护送惠能到九江驿，立刻分别。五祖指示："你去后要努力，把佛法带到南方，三年之内不要弘扬这个佛法。法难发生过去以后，弘扬化导循循善诱。迷误的人们若能心灵开窍，和领悟没有差别。"惠能辞别完毕，就出发向南。

十一、大庾岭惠顺受法

两月中间，至大庾岭。不知向后有数百人来，欲拟捉[一]惠能，夺衣[二]法。来至半路，尽总却回。唯有一僧，姓陈名惠顺，先是三品将军，性行粗恶，直至岭上，来趁把著，惠能即还法衣，又不肯取："我故远来求法，不要其衣。"能于岭上，便传法[三]惠顺。惠顺得闻，言下心开。能使惠顺即却向北化人[四]。

【校记】

〔一〕捉，斯本作"头"。

〔二〕衣，斯本作"于"。敦煌写本衣、于（於）混用处较多，以后若无必要，不再一一出校。

〔三〕敦博本"法"后有一"买"字。

〔四〕斯本"人"后有一"来"字。

【今译】

两个月时间，到了大庾岭。不知道后面有数百人追来，想要捉拿惠能，夺取传法衣。走到半路，尽都转回。只有一个僧人，姓陈名惠顺，原先是三品将军，性格粗暴，迳直到了岭上，追赶来抓住了，惠能就奉还传法衣，他又不肯要："我特意远来求法，不要这件传法衣。"惠能就在岭上，传法给惠顺。惠顺听完，立刻心中开窍。惠能就让惠顺去北方教化世人。

十二、惠能开讲

惠能来于此地，与诸官僚道俗，亦有累劫之因。教是先圣[一]所传，不是惠能自知。愿闻先圣[二]教者，各须净心闻了。愿自除迷，如先代悟。[三]下是法。

惠能大师唤言：

善知识！菩提般若之智，世人本自有之，即缘心迷，不能自悟，须求大善知识，示道见性。

善知识！愚人智人，佛性本亦无差别，只缘迷误。迷即为愚，悟即成智。

【校记】

〔一〕圣，斯本作"性"。

〔二〕圣，斯本作"性"。

〔三〕自"善知识静听。惠能慈父……"至此，均为惠能大师语，本校本未加引号。以下为门人所记惠能大师所说法，故经文中间原注道"下是法"。

【今译】

惠能我来到此地，与诸官吏、学道的和世俗之人，也是有说不尽的前世因缘。教是先圣传流下来的，不是惠能自己知晓的。愿意听讲先圣教法的，都要净心听着。希望你们自己消除迷误，像先代那样领悟。（下面是法。）

惠能大师喊道：

善知识！菩提般若的智慧，世人本来就有的，只是由于心中迷误，不能自己领悟，必须请求大善知识，开示大道，见到本性。

善知识！愚昧的人、智慧的人，佛性本就没有差别，只是因为迷误。迷误就是愚人，领悟就成为智者。

十三、论定慧

　　善知识！我此法门，以定慧为本。第一勿迷言慧定别。慧定〔一〕体一不二〔二〕，即定是慧体，即慧是定用。即慧之时定在慧，即定之时慧在定。善知识，此义即是慧等〔三〕。学道之人作意，莫言先定发慧，先慧发定，定慧各别。作此见者，法有二相。口说善，心不善，慧定不等。心口俱善，内外一〔四〕种，定慧即等。自悟修行，不在口诤。若诤先后，即是迷〔五〕人。不断胜负，却生法我，不离四相。

【校记】

〔一〕慧定，斯本作"定慧"。

〔二〕体一不二，敦博本作"不一不二"。

〔三〕旅本"等"后有一"学"字。郭、杨、邓等校本均在"慧"前加一"定"字。

〔四〕斯本、旅本"一"下有一"众"字。

〔五〕斯本无"迷"字。

【今译】

善知识！我这个法门，以定、慧为本。第一不要迷误地说什么慧和定的区别。慧、定体是一个，不是两个。定就是慧的体，慧就是定的用。就慧而言，定就在慧；就定来说，慧就在定。善知识，这个意义就是定慧等同。学道之人起意，别说先定发慧，先慧发定，定慧各自分别。起这个见解的，法就有了二相。口中说善，心里不善，慧和定就不等同。心与口都善，内和外都是一样，定和慧就等同。自己领悟修行，不在口舌争辩。若要争个先后，就是迷误之人。不能断绝胜负，反而产生法与我的分别，这就不能脱离四相不同的观念。

十四、一行三昧

　　一行三昧者，于一切时中，行住坐卧，常行〔一〕真心是。《净名经》云："真心是道场，真心是净土。"〔二〕莫心行谄曲〔三〕，口说法直。口说一行三昧，不行真心，非佛弟子。但行真心，于一切法上无〔四〕有执著，名一行三昧。迷人著法相，执一行三昧，真心坐不动，除妄不起心，即是一行三昧。若如是，此法同无情，却是障道因缘。道须通流，何以却滞？心在住，即通流住，即被缚①。若坐不动，是维摩诘不合呵舍利弗宴坐林中。

　　善知识！又见有人教人坐，看心看〔五〕净，不动不起，从此置功②。迷人不悟，便执成颠倒〔六〕，即有数百般如此教道者，故知〔七〕大错③。

【校记】

〔一〕行，斯本作"真"。

〔二〕《净名经》即《维摩经》。真，原文为"直"。

〔三〕心行，敦博本作"行心"。曲，旅本作"典"。

〔四〕上无，斯本作"无上"。

〔五〕敦博本无此"看"字。

〔六〕斯本、旅本无"倒"字。

〔七〕知，斯本作"之"。

【今译】

所谓一行三昧，就是无论什么时候，行动、停止、坐着、躺着，永远运行真心就是。《净名经》说："真心就是道场，真心就是净土。"不要心里运行着谄媚歪曲，口里说着正直。口里说着一行三昧，却不运行真心，那就不是佛的弟子。只要运行真心，在一切法上没有执着，就叫一行三昧。迷误的人执着法相，执着一行三昧，认为真心可以坐着不动，消除虚妄，不起什么心念，就是一行三昧。假若这样，这佛法就等同于无情之物，反而是障蔽大道的因素。道必须通达流动，为什么却会停滞？心在停止，通达流动就要停止，就被束缚。如要坐着不动，那就是维摩诘不应呵斥舍利弗稳坐树林之中。

善知识！又见有人教人静坐，观心观净，不动身体，不起念头，从这里用功。迷误的人不觉悟，就会执着成为颠倒，就有数百种这样教人修道的，所以知道这是大错。

【简注】

①心在住，即通流住，即被缚：斯本、敦博本同，其中"被"，斯本、敦博本均误作"彼"，系因字形相近而致误。

诸校本或据惠昕本改作"心不住即通流，住即被缚"，或改作"心不住法，道即通流。住即被缚"，或改作"心不住法即通流，住即被缚"，均将原句改作"住"与"不住"的对比句式。但原句上文为批评迷人执相而行一行三昧，指出法应该流通，不能住滞。本句承袭上文之意，指出迷人执相的后果：人如果住，法的流通就停止了，这样就会被缚。文从字顺，原句不误。

缚：佛教术语，与解脱相对，指为三界的烦恼所束缚，不得解脱。

②从此置功：诸校本大多改作"从此致功"。但从上下文看，"从此置功"亦可通，故可不改。

③即有数百般如此教道者，故知大错：由教此错误修持法的人数之众，可见此错误本身有多么可怕。

十五、定慧体一

善知识！定慧犹如何等？如灯光。有灯即有光，无灯即无光。灯是光之体，光是灯之用。名^{〔一〕}即有二，体无两般。此定慧法，亦复如是。

【校记】

〔一〕斯本无"名"字。

【今译】

善知识！定慧就像什么呢？就像灯光。有灯就有光，没有灯就没有光。灯是光的体，光是灯的用。名称即便有差别，本体却没有两样。这个定慧之法，也是这样。

十六、法无顿渐

善知识！法无顿渐，人有利钝。迷^{〔一〕}即渐劝，悟人顿修。识自本心^{〔二〕}，是见本性。悟即元无差别，不悟即长劫轮回。

【校记】

〔一〕迷，斯本作"明"。

〔二〕斯本无"心"字。

【今译】

善知识！佛法没有顿、渐之分，人有利根、钝根的差别。迷误的人就要用渐法来劝导，觉悟的人用顿法修练。认识自己的本心，就是见到了本性。领悟了就本无差别，不领悟就堕落在漫长的劫数中进行轮回。

十七、无住为本

善知识！我自法门，从上已来，顿渐皆立无念为^{〔一〕}宗，无相为^{〔二〕}体，无住^{〔三〕}为本。何名^{〔四〕}为相无相？于相而离相。无念者，于念而不念。无住者，为人本性，念念不住。前念今^{〔五〕}念后念，念念相续无有断绝。若一念断绝，法身即^{〔六〕}离色身。念念时中，于一切法上无住。一念若住，念念即住，名系缚。于一切法上念念不住，即无缚也。以无住为本。

【校记】

〔一〕为，斯本作"无"。

〔二〕为，斯本亦作"无"。

〔三〕斯本"住"后有一"无"字。

〔四〕名，斯本作"明"。

〔五〕今，斯本、敦博本作"念"。

〔六〕斯本"即"后有一"是"字。

【今译】

善知识！我自己的这个法门，从很早以来，顿法渐法都树立无念为宗，无相为体，无住为本。什么叫为相无相？就是对相要脱离相。所谓无念，就是有了念头而不挂念。所谓无住，作为人的本性，就是念头一个接着一个而不能停止。前面念头现在念头后面念头，一个接着一个相互连续而没有断绝。若有一个念头断绝，法身就会离开色身。一个念头一个念头都适时而正确，在一切法上都不停止。一个念头停止，相续不断的念头也就要停止，就被拴住和束缚。在一切法上念念都不停止，就不会有束缚了。这就叫以无住为本。

十八、无相为体，无念为宗

善知识！外离一切相，是无相[一]。但能离相，性体清净，是[二]以无相为体。于一切境上不染，名为无念。于自念上离境，不[三]于法上念生。莫百物不思，念尽除却。一念断，即无别处受生。学道者用心，莫不识[四]法意。自错尚可，更劝他人迷，不自见迷，又谤经法，是以立无念为宗。即缘迷[五]人于境上有念，念上便起[六]邪[七]见，一切尘劳妄念，从此而生①。然此教门立无念为宗。世人离境[八]，不起于念。若无有念，无念亦不立②。无者无何事？念者何物？无者，离二相诸尘劳。真如是念之体，念是真如之用③。性起念，虽即见闻觉知[九]，不染万境，而常自在④。《维摩经》云："外能善分别诸法相，内于第一义而不动。"

【校记】

〔一〕敦博本无"是无相"三字。

〔二〕斯本、旅本"是"下又有一"是"字。

〔三〕斯本"不"下又有一"不"字。

〔四〕识，斯本作"息"。

〔五〕迷，斯本作"名"。

〔六〕起，斯本作"去"。

〔七〕邪，敦博本作"取"。

〔八〕离境，斯本作"杂见"。

〔九〕知，斯本作"之"。

【今译】

　　善知识！外面离开一切相，是无相。只要能够离开相，本性的本体清净，就是以无相为体。在一切境上都不沾染，叫做无念。在自己的念头上脱离境，不在法上生念头。不要什么也不想，一切念头都除掉。一个念头断绝，就没有别处可以产生。学道者要用心，不要弄不懂佛法意思。自己错了还不算什么，又劝别人迷误；不见自己迷误，又诽谤了佛经佛法，所以要建立无念为宗。都是因为迷误之人在境上有念头，有念头生起就会兴起邪见，一切尘世的劳苦妄念，都从这里产生。但是这个教门建立无念为宗。世俗之人离开境，就不生起念头。假若没有念头，无念也不会成立。无者是没有什么？念是什么意思？所谓无，就是脱离人我二相和尘世劳苦。真如是念的本体，念是真如的应用。在本性上兴起的念头，虽然不离开耳目见闻和感觉知觉，由于不沾染一切境，因而永远逍遥自在。《维摩经》说："外能分别诸种法相，内在第一义上而不动摇。"

【简注】

①是以立无念为宗。即缘迷人于境上有念，念上便起邪见，一切尘劳妄念，从此而生：《坛经》主张"无念为宗"，所谓"无念"，不是要求修持者泯灭一切思想，惠能认为那是滞住于法相的错误认识，而是要求修持者"于念而不念"，亦即任运法缘，而没有任何执着，甚至连"念"本身也不要执着。用《坛经》的话说，是"于一切境上不染"。但迷人认识不到这一点，他们因境起念而执着此念。惠能认为，这就属于"邪见"。人类的一切烦恼痛苦、虚妄之见，均由此而起。故说："一切尘劳妄念，从此而生。"

②世人离境，不起于念。若无有念，无念亦不立：一般的人认为只有对境才能产生思想，即起念；若无对境，便可以无念。所以把闭目塞听的修持法当作可以由此不产生任何思想，亦即"无念"的真谛。但他们的这种想法，与惠能主张的"于念而不念"的"无念"完全不同。惠能主张的"无念"是在承认念的基础上，要求不执着念。因此，惠能认为，如果依照一般人那种理解去做，也就根本不可能建立起他所主张的"无念"。

离境：斯本作"杂见"，诸校本多依之，由此致误。

③真如是念之体，念是真如之用：惠能在此从体用的角度阐明"无念"的意义。真如，佛教术语，即佛性。佛，梵文原意为"觉者"，佛性亦即"觉性"，惠能在下文称之为"本觉性"。惠能认为真如佛性就是念的本体；而无念之念实际正是真如佛性的作用。由此，主张闭目塞听、完全不产生思想的所谓"无念"，在佛教理论上也就是绝对错误的。

④性起念，虽即见闻觉知，不染万境，而常自在：这里的"性"，就是上文的真如佛性、本觉性。惠能认为，无念之念既然在本质上是佛性的一种作用，所以它能够做到虽然有所见、有所闻、有所觉知，实际上于所见、所闻、所觉知的事物均不执着，保持着清净自在的本性。这也正是惠能所提倡与追求的境界。

十九、论坐禅

善知识！此法门中，坐禅元不著心，亦不著净，亦不言动①。若言〔一〕看心，心元是妄。妄如幻故，无所看也。若言看净，人性本净〔二〕。为妄〔三〕念故，盖覆真如。离妄念，本性净。不见自性本净，起心〔四〕看净，却生净妄。妄〔五〕无处所，故知看者看却是〔六〕妄也。净无形相，却立净相，言是功夫。作此见者，障自本性，却被净缚。若不动者，见一切人过患，是性不动。迷人自身不动，开口即说人是非〔七〕，与道违背。看心看净，却是障道因缘②。

【校记】

〔一〕敦博本无"言"字。

〔二〕净，敦博本作"体"。

〔三〕北本前缺，从下文"念故……"处开始。

〔四〕起心，斯本作"心起"。

〔五〕敦博本无"妄"字。

〔六〕北本无"是"字。

〔七〕北本无"非"字。

【今译】

善知识！这个法门之中，坐禅根本不执着于心，也不执着于净，也不说动。如果说看心，心本来就是虚妄。虚妄就像幻景，没有什么可看。如果说看净，人性本来清净。因为妄念，覆盖了真如。离开妄念，本性就干净了。看不见自己本性清净，心中产生要观看清净的念头，就会产生净的虚妄。虚妄没有处所，所以知道那观看者的看，却是虚妄啊。净没有形体，没有相状，却要建立一个净相，还说这是功夫。产生这个见解的人，障蔽了自己的本性，反而被净束缚。至于所谓不动，能看见所有人的过失和缺陷，这是本性不动。迷误的人自身不动，开口就说别人的是非，和道相违背。观看心，观看净，反而是障蔽道的因素。

【简注】

①亦不言动：所谓"不言动"，是指真如法性原本如如不动，故不言动。因其不动，故能观照万物。故下文谓："若不动者，见一切人过患，是性不动。"由此，惠能反对单纯的坐禅，认为那只是"身不动"，是"迷人"所为。由于迷人仅仅"身不动"，所以一旦出定，"开口即说人是非，与道违背"。

校者或据惠昕本将此句改作"亦不言不动"，则意思刚好相反。

②看心看净，却是障道因缘：禅宗神秀系主张"由常看守心故，渐达自心本性清净"（《天竺国菩提达摩禅师论》）。这里的"心"，指人在现实世界的各种精神活动。佛教传统认为，人的这些精神活动是因缘而成的，所以是一种幻有。惠能由此认为，只要能够识达心之虚妄幻有的本性，那么就不存在什么"看心"的问题。同理，人的本性就是佛性，它本来就是清净的。各种妄念虽然可能遮蔽清净的真如佛性，但并不能染污它。只要把妄念去掉，真如佛性的清净本性就会显露出来。神秀系不能认识到心的虚妄性与本性的清净性，不能认识"净"本身只是佛性的一种性质，并无形相可言；反而想在虚妄的心上去建立心性作用，去追求"净"之形相。所以在惠能看来，神秀系的这种方法只能是妨碍人得到解脱的魔障。

二十、论禅定

今记如〔一〕是。此法门中何名坐禅？此法门中，一切无碍。外于一切境界上，念不去〔二〕为坐，见本性不乱为禅①。何名为禅定？外离相曰禅，内不乱曰定。外若有相，内性不乱，本性〔三〕自净曰〔四〕定。只缘境触〔五〕，触即乱，离相不乱即定。外离相即禅，内外不乱即定。外禅内定，故名禅定。《维摩经》云："即时〔六〕豁然，还得本心。"《菩萨戒》云："本源自性清净。"善知识！见自性自净，自修自作自性法身，自行佛行，自〔七〕作自成佛道。

【校记】

〔一〕如，斯本作"汝"。

〔二〕去，博本作"起"，此据斯本校订。

〔三〕斯本无"性"字。

〔四〕曰，斯本作"自"。

〔五〕触，敦博本作"解"。

〔六〕时，斯本作"是"。

〔七〕敦博本、北本无"自"字。

【今译】

现在记录的是这样的。这个法门中什么叫坐禅？这个法门中，一切没有障碍。外面在一切境界上，念头不起就是坐，见到本性不乱就是禅。什么叫禅定？外面离开相叫做禅，内心不乱叫做定。外面假若有相，内里本性不乱，本性自己干净叫做定。只是因为碰到了境，碰到就乱，离开相，不乱，就会定。外面离开相就是禅，内外都不乱就是定。外面禅，内心定，所以称为禅定。《维摩经》说："马上豁然开朗，复归本心。"《菩萨戒》说："我的本源自性是清净的。"善知识！见得自己本性自然清净，自己修练自己去作自己本性法身，自己实行佛法言行，自己用自己的行为成就佛道。

【简注】

①此法门中何名坐禅？此法门中，一切无碍。外于一切境界上，念不去为坐，见本性不乱为禅：惠能反对坐禅、读经等一切外在的刻意的修持形相，但同时主张"于一切时中，行住坐卧，常行真心"。所以，他主张一种任运自在的生活态度，饥来吃饭，寒来穿衣；同时又要求无论何时何地，都要保持内心如如

不动的宗教修持状态。由此，他对传统的禅定下了全新的定义：
"外于一切境界上，念不去为坐，见本性不乱为禅。"所谓"念
不去"，即反对传统结跏趺坐、闭目塞听的禅定，认为因外境而
起的任何意念都不妨碍修道，不必刻意地去除。当然，这里"念
不去"的前提是必须做到前面所说的"于念而不念"，只有这样，
才是正确的"念不去"。否则就是执着外境的妄念。所以下文强
调"见本性不乱为禅"，亦即保持内在如如不动的真如本性。"念
不去"与"性不乱"是惠能所主张的修持法的两个最基本的方面。
如果能够真正做到这两点，也就可以达到"一切无碍"，任运自
在的境地。

　　诸校本均将"念不去为坐"校订作"念不起为坐"，即要求
修持者于一切外境不起意念，则表述的恰恰是惠能要批评的观
点，把原句的意思完全搞反了。

二十一、传授无相戒

善知识！总须自听〔一〕，与授无相戒。一时逐惠能口道，令善知识见自三身佛〔二〕：于〔三〕自色身，归依清净法身佛；于自色身，归依千百亿化身佛；于自色身，归依当来〔四〕圆满报身佛。已上三唱〔五〕。

色身是舍宅，不可言归。向者三身在自〔六〕法性，世人尽有，为迷不见①。外觅三世〔七〕如来，不见自〔八〕色身中三世〔九〕佛。

善知识！听与〔一〇〕善知识说，令善知识于自色身，见自法性有三世〔一一〕佛。此三身佛，从自〔一二〕性上生。何名清净身佛？善知识！世人性本自净，万法在自性〔一三〕。思惟〔一四〕一切恶〔一五〕事，即行于恶行〔一六〕。思量一切善事，便修于善行。知如是，一切法尽在自性。自性〔一七〕常清净，日月常明。只为云覆盖，上明下暗，不能了见日月星辰。忽遇慧风吹散，卷尽云雾，万象参罗，一时皆现。世人性净，犹如清天。慧如日，智如月〔一八〕，智慧常明。于外看境〔一九〕，妄念浮云盖覆，自性不能明故。遇善知识开真正〔二〇〕法，吹却迷妄，内外明彻，于自性中万法皆现〔二一〕。一切法在自〔二二〕性，名为清净法身。自归依者，除不善心及〔二三〕不善行，是名归依。

何名为千百亿化身佛？不〔二四〕思量，性即空寂；思量，即是自化②。思量恶法，化为地狱；思量善法，化为天堂；毒害化为畜生，慈悲化为菩萨；智慧化为上界，愚痴化为下方。自性变化甚多〔二五〕，迷人自不知。见一念善，智慧即生。一灯能除千年暗，一智能灭万年愚。莫思向前，常思于后。

常后念善，名为报身。一念恶，报却千年善心；一念善，报却千年恶灭③。无常已来，后念善，名为报身。从法身思量，即是化身；念念善，即是报身。自悟自修，即名归依也。皮肉是色身，是〔二六〕舍宅，不在归依〔二七〕也。但悟三身，即识大意。

【校记】

〔一〕听，斯本作"体"。

〔二〕敦博本无"佛"字。

〔三〕敦博本无"于"字。

〔四〕来，斯本作"身"。

〔五〕敦博本、北本"已上三唱"四字入正文。

〔六〕在自，敦博本作"自在"。

〔七〕斯本无"世"字，旅本"世"作"圣"。

〔八〕北本无"自"字。

〔九〕世，斯本作"性"。

〔一〇〕与，斯本作"汝"。

〔一一〕世，当为"身"字之误。

〔一二〕斯本无"自"字。

〔一三〕在自性，敦博本作"自性在"。

〔一四〕惟，斯本、旅本作"量"。

〔一五〕斯本无"恶"字。

〔一六〕斯本无"行"字。

〔一七〕敦博本、北本均无"自性"二字。

〔一八〕北本无"智如月"三字。

〔一九〕境，斯本作"敬"。

〔二〇〕斯本无"正"字。

〔二一〕现，斯本作"见"。

〔二二〕"在自"，斯本、北本作"自在"。

〔二三〕斯本无"不善心及"四字。

〔二四〕北本"不"字后有一"可"字。

〔二五〕多，斯本、旅本作"名"。

〔二六〕敦博本、北本无"是"字。

〔二七〕敦博本、北本、旅本无"依"字。

【今译】

善知识！你们都仔细听着，给你们传授无相戒。一齐跟着惠能唱诵，让善知识们见到自己的三身佛：在自己的色身，归依清净法身佛；在自己的色身，归依千百亿化身佛；在自己的色身，归依将来的圆满报身佛。（以上唱诵三遍。）

色身是房舍、住宅，不能说归依。三身佛早先就在自己的法性中，世俗人人都有，因为迷误所以见不到。到身外去寻觅什么三世如来，而见不到自己色身中的三世佛。

善知识！听我对善知识说，让善知识在自己的色身，见到自己法性就有三身佛。这三身佛，从自己本性上产生。什么叫清净身佛？善知识！世俗人人性本清净，一切事项都在自己本性。思想的都是恶事，就会实行那些恶行。思想的都是善事，也就修持那些善行。知道事情是这样的，一切事项都在自己本性。自己本性永远是清净的，就像日月是永远光明。只是因为云彩遮盖，上面光明下面黑暗，不能清楚地看见日月星辰。忽然遇到智慧的风吹散，卷走所有的云雾，万象参差罗列，一下都显现出来。世人本性清净，就像清澈的天空。慧就像太阳，智就像月亮，智慧永远是光明的。在外面看境，妄念就像浮云一样遮盖，自己本性不能现出光明的缘故。遇见善知识开示真正的佛法，吹走迷误妄念，内外明亮清澈，在自己本性中所有的事项就都显现出来。一切事项都在自己本性，叫做清净法身。自己归依的意思就是，消除不善的心和不善的行为，就叫做归依。

什么叫千百亿化身佛？不思量，本性是空旷寂静的；思量，就是化导。思量恶事，就化为地狱；思量善事，就化为天堂；毒害化为畜生，慈悲化为菩萨；智慧化为上界，愚昧化为下方。自己本性的变化很多，迷误人自己不懂。一个善念显现，智慧就会产生。一盏灯能消除千年黑暗，一次智慧能扫除万年愚昧。不要总想着以前，要经常想着以后。

永远使以后的念头良善，就是报身。一个恶念，会报完千年的善心；一个善念，也会除灭千年的恶事。一切事项从来不会永恒不变，后面的念头善良，就叫做报身。从法身的角度看来，就是化身；每个念头都是善良，就是报身。自己领悟，自己修练，就叫做归依。皮肉是色身，是房舍和住宅，不在归依之列。只要领悟三身佛，就懂得了佛法大意。

【简注】

①向者三身在自法性，世人尽有，为迷不见："在自法性"，敦博本作"自在法性"，此据斯本校订。

佛教有法身、报身、化身三身佛的说法。其中法身佛是世界的本原，报身佛、化身佛则是法身佛在一定条件下的显现。惠能从一切众生皆有佛性的角度出发，从见性成佛的角度出发，认为每个人自己就是佛，从而将佛教传统三归依中的归依佛，改造为归依自身佛。所以上文说"令善知识见自三身佛"，并称"于自色身，归依清净法身佛"等等。但为了防止由此出现的另一种错误，即把肉体的个我当作佛来归依，惠能特意指出："色身是舍宅，不可言归。"即肉体的个我毕竟只是佛性的栖息地，犹如房舍，并非真正的佛，不能作为归依的对象。既然提倡归依"自三身佛"，又说"色身是舍宅，不可言归"，那么，"自三身佛"又在哪里呢？惠能认为它们就在人人都有的法性中。实际上，它们就是法性，亦即佛性。在惠能看来，这种佛性是人生而俱有的，只因为人迷不悟，所以不能认识它。

诸校本多将"在自法性"校订为"自在法性"，模糊了惠能的三身佛就存在于人自身的法性中的观点，从而使上下文语义窒碍。

②不思量，性即空寂；思量，即是自化：法身、法性、佛性，在佛教中属于等价的概念，指的是同一东西。它是世界的本原，本身是超脱一切因缘束缚的无为法，故称"空寂"。作为世界的本原，法性有演化为世界万物的功能。法性是怎样演化为世界万物的？惠能在此用了"思量"这一概念。认为如果不思量，则法性保持它空寂的本性，如果思量，则由此演化。下文说"从法身思量，即是化身"表述的是同一层意思。这里涉及惠能的世界形成理论，值得进一步研究。

③一念恶，报却千年善心；一念善，报却千年恶灭：这里强调善恶念的重要性。认为一个恶念，可以抵消千年以来的善心；同理，一个善念，可以抵消千年所造的恶业。由此要求人们必须在思想深处警惕自己。

诸校本或有认为以上两句应为对句，故将"心"校订为"亡"。其实惠能文化程度不高，未必使用对句。上文虽为口语，但文通字顺，不宜改。

二十二、四弘大愿

今既自归依三身佛已，与善知识发四弘大愿。善知识！一时逐惠能道：

众生无边誓愿度

烦恼无边誓愿断

法门无边誓愿学

无上佛道誓愿成三唱

善知识！"众生无边誓愿度"，不是惠能度。善知识！心中众生，各于自身自性自〔一〕度〔二〕。何名自性自度？自色身中邪见烦恼、愚痴迷妄，自有本觉性。只本觉性〔三〕，将正见度。既悟正见般若之智，除却愚痴迷妄，众生各各自度。邪见正度〔四〕，迷来悟度，愚来智度，恶来善度，烦恼来菩提〔五〕度。如是度者，是名真度①。

"烦恼无边誓愿断"，自心除虚妄。"法门无边誓愿学"，学无上正法。"无上佛道誓愿成",常下心行,恭敬一切,远离迷执。觉智生般若,除却迷妄,即自〔六〕悟佛道成,行誓愿力。

【校记】

〔一〕北本无"自"字。

〔二〕敦博本无"度"字。

〔三〕斯本无"只本觉性"四字。

〔四〕敦博本、北本无"邪见正度"四字。见,旅本作"来",此据斯本。

〔五〕提,斯本作"萨"。

〔六〕北本无"自"字。

【今译】

现在既然已经归依三身佛完毕,和善知识们一起发四项弘大志愿。善知识!一齐跟着惠能唱:

众生无边誓愿度

烦恼无边誓愿断

法门无边誓愿学

无上佛道誓愿成(唱三遍)

善知识!"众生无边誓愿度",不是惠能超度你们。善知识!心中的众生,要各自在自身自性中自己超度。什么叫自性中自己超度?自己色身中的邪见烦恼,愚昧痴呆、迷误妄想,自有本来可以觉悟的本性。就是这个本来可以自己觉悟的本性,将用正确的见解超度。既然领悟了正确见解的般若智慧，除去了愚昧痴呆迷误妄想，众生就每个人各自自己超度。邪见用正见超度，迷误来了用领悟超度，愚昧来了用智慧超度，恶行来了用善心超度，烦恼来了用菩提超度。像这样的超度，叫做真超度。

"烦恼无边誓愿断"，自己用心除去虚妄。"法门无边誓愿学"，学至高无上的正道法门。"无上佛道誓愿成"，永远下定决心实行，恭敬地对待一切，远离一切迷误执着。觉悟和智慧产生般若，除去迷误和虚妄，于是就自己领悟佛道成功，这是实行誓愿的力量。

【简注】

①如是度者，是名真度：禅宗主张自力拯救，认为人的觉悟要靠自己，解脱也要依靠自己的努力。释迦牟尼在灵山拈花示众，教外别传，以心传心，将佛法传给大迦叶。在此，并非释迦牟尼真的把什么佛教理论或什么神秘的东西一下子传到大迦叶心中，而是大迦叶心中本来就有真如佛性，只是以前没有认识到，现通过释迦牟尼拈花的动作，一下子开悟认识而已。释迦牟尼的作用只是启发大迦叶的开悟，与确认大迦叶的确已经开悟。也就是说，在禅宗的证悟修习中，证悟的主体是证悟者本人，导师只是助缘。惠能这段话的意思也是如此。强调所谓度众生，并非真的有一个救世主出来超度众生，而是众生个人"自性自度"。只有这样，才是真度。

二十三、说无相忏悔

今既发四弘誓愿，说〔一〕与善知识无相忏悔，三世罪障。

大师言：善知识！前念后念及今念，念念〔二〕不被愚迷染，从前〔三〕恶〔四〕行，一时自性若除，即是忏悔。前念后念及今〔五〕念，念念不〔六〕被愚痴染，除却从前〔七〕矫杂心，永断名为自性忏。前念后念及今念〔八〕，念念不被疽疫〔九〕染，除却从前疾垢心，自性若除即是忏①。已上三唱。

善知识！何名忏悔者？终身不作。悔者，知于前非。恶业恒不离心，诸佛前口说无益。我此法门中，永断不作，名为忏悔②。

【校记】

〔一〕说，斯本、方本作"讫"。

〔二〕斯本、敦博本、旅本均少一"念"字，据北本补。

〔三〕前，敦博本作"何"。

〔四〕恶，敦博本作"西"。

〔五〕敦博本无"今"字。

〔六〕斯本无"不"字。

〔七〕前，敦博本作"何"。

〔八〕斯本、旅本无"今念"二字。

〔九〕疫，斯本作"疾"。

【今译】

现在已经发下四项弘大誓愿，再给善知识们讲解无相忏悔，三世罪障。

惠能大师说：善知识！前念后念及今念，念念不被愚迷染，从前恶行，一时自性若除，即是忏悔。前念后念及今念，念念不被愚痴染，除却从前矫杂心，永断名为自性忏。前念后念及今念，念念不被疽疫染，除却从前疾垢心，自性若除即是忏。（以上唱三遍。）

善知识！什么叫做忏悔？就是终身不作。悔，是知道以前不对。作恶的念头总也不能从心中排除，诸佛面前单凭口说没有用的。我这个法门中，永远断绝恶业不作，叫做忏悔。

【简注】

①忏：即追悔罪过，请求原谅。是佛教为保持修持者身心清净而实施的一种修习方式。忏有理忏、事忏、律忏的区别。所谓

理忏，是以般若空观来观照罪性，得知罪性本空，了不可得。这是适用于根机人的忏法。惠能主张的无相忏悔就属于理忏。上文的"忏"即指无相忏悔。

　　惠能认为，自性清净，诸法性空。修持者要坚持做到于念无念，亦即念念不被客尘所染，保持自性的清净状态。罪性本空，了无形相；念念虽相续，法性总清净。这种不让客尘染污性的修持过程，就是"除"，也就是惠能所主张的无相忏悔。

　　②恶业恒不离心，诸佛前口说无益。我此法门中，永断不作，名为忏悔：从道安开始，中国佛教便开始形成种种组织化的忏法。中国佛教诸宗派出现之后，各宗派也分别建立自己的忏法体系。这些忏法大抵有一定的程式与仪轨。诸如在佛前设坛、焚香、礼诵佛名、发露、忏悔、回向等等。在惠能看来，一个人，如果心中的恶念不除，无论怎样在佛前举行忏法，实际上也没有用处。与上述有固定的形相的忏法相比，惠能更加注重不讲究外在的形相、着意于内心防护的修养方式，即念念不被恶念染。能够做到心念永不被恶念所染，则自然永断恶业。这种内在的自我修养抛弃一切外在的形相，所以称为"无相忏悔"。

二十四、授无相三归依戒

今既忏悔[一]已，与善知识授无相三归依戒。

大师言：善知识！归依觉，两足尊；归依正，离欲尊[二]；归依净，众中尊。从今已后，称佛为师，更不归依余[三]邪迷外道，愿自三宝慈悲证明。善知识！惠能劝善[四]知识归依[五]三宝。佛者，觉也；法者，正也；僧者，净也。自心归依觉[六]，邪迷不生，少欲知足，离财离色，名两足尊。自心归依[七]正，念念无邪故，即无爱著，以无爱著，名离欲尊。自心归依[八]净，一切尘劳妄念，虽在自性，自性不染著，名众中尊。凡夫解[九]，从日至日，受三归依戒。若言归佛，佛在何处？若不见佛，即无所归。既无所归，言却是妄。善知识！各自观察，莫错用意。经中只[一〇]言自归依佛，不言归依[一一]他佛。自性不归依[一二]，无所处①。

【校记】

〔一〕敦博本无"悔"字。

〔二〕斯本无"尊"字。

〔三〕敦博本无"余"字。

〔四〕斯本"善"之后又有一"善"字。

〔五〕敦博本"依"后有一"身"字，西夏本为"自身"。

〔六〕北本无"觉"字。

〔七〕斯本、旅本无"依"字。

〔八〕斯本、旅本无"依"字。

〔九〕北本"解"后有一"脱"字。

〔一〇〕斯本"只"后有一"即"字。

〔一一〕斯本无"依"字。

〔一二〕斯本、敦博本、旅本无"依"字。

【今译】

现在已经忏悔完毕，给善知识们传授无相三归依戒。

惠能大师说：善知识！归依觉悟，就获得两足尊；归依正道，就获得离欲尊；归依清净，就获得众中尊。从今以后，称佛为导师，再不归依其他邪门外道，愿用自身的三宝慈悲作证。善知识！惠能劝善知识归依三宝。佛，是觉悟的意思；法，是正确的意思；僧，是清净的意思。自己的心归依觉悟，邪见和迷误就不会发生，欲望很少而知道满足，远离财富色相，就是两足尊。

自己的心归依正道，一个念头接着一个念头都没有邪念，就不会有爱恋和执着，由于没有爱恋和执着，叫做离欲尊。自己的心归依清净，一切尘世劳苦虚妄杂念，虽然存在于自性之中，但自性不被沾染难脱，叫做众中尊。凡夫的理解，一天又一天，接受三归依戒。如果说归依佛，佛在什么地方？如果见不到佛，就是无所归依。既然无所归依，说归依就是虚妄。善知识！各自观察，不要错用了心意！佛经中只说自己归依佛，不说归依其他的什么佛。自己本性不归依，就无处归依。

【简注】

①善知识！各自观察，莫错用意。经中只言自归依佛，不言归依他佛。自性不归依，无所处：佛教传统的三归依是归依佛、法、僧三宝。惠能提出无相三归依，主张归依觉、正、净，并将它们与佛、法、僧相配。其实觉、正、净只是惠能对人内在佛性的不同侧面的不同称呼，亦即仍然贯彻其明心见性的一贯立场。由此，惠能强调不能归依自性以外的其他佛，认为那种归依实际是妄，并不能得到解脱。

佛经中"自归依佛"的"自"，是指归依的主体，亦即强调归依的行为要依靠自己来完成，不能乞求他力的拯救。但惠能在上文中把传统的"自归依佛"实际上解释成"归依自佛"，并用以与"归依他佛"相对，以此为自己的新理论服务。

二十五、说摩诃般若波罗蜜

今既自归依三宝，总各各至心，与善知识说摩诃般若波罗蜜法〔一〕。善知识！虽念不解，惠能与说，各各听。

摩诃般若波罗蜜者，西国梵语，唐言大智慧彼岸到。此法须行，不在口念〔二〕。口念不行，如如化〔三〕。修行者，法身与佛等也。何名摩诃？摩诃者是大。心量广大，由〔四〕如虚空。莫定心坐〔五〕，即落无记〔六〕。空，能含日月星辰，大地山河，一切草木，恶人善人，恶法善法，天堂地狱，尽在空中。世人性空，亦复如是①。

【校记】

〔一〕北本无"法"字。

〔二〕斯本无"念"字。

〔三〕如如化，铃、郭、杨、邓本均改作"如幻如化"。

〔四〕由，斯本作"犹"。

〔五〕坐，敦博本作"禅"。

〔六〕记，斯本作"既"。

【今译】

现在既然自性归依三宝，都要各自记在心里，和善知识说说摩诃般若波罗蜜法。善知识！虽然念诵但不理解，惠能给你们解说，各人听着。

所谓摩诃般若波罗蜜，是西方国家的梵语，用大唐国的话说就是大智慧彼岸到。这件事必须是实行的，不在于口中念诵。口中念诵而不实行，就像虚妄的幻化。修行的人，法身和佛是等同的。什么叫摩诃？摩诃的意思就是大。心量广大，就像虚空。不要心定一处静坐，那样就会落入无记。虚空，能包含日月星辰，大地山河，一切草木，恶人善人，恶事善事，天堂地狱，都在这个虚空里边。世人本性虚空，也是这样。

【简注】

①世人性空，亦复如是：惠能在此段文字中论述了佛性的无大不包的性质。"摩诃般若波罗蜜"原意为"大智度"，其中的"摩诃"（大）是对大乘六度中"智度"的美称。惠能在这里则用来表示佛性之无大不包，犹如虚空。在惠能看来，人内在的佛性与包容世界的佛性本来是一非二，亦即"修行者，法身与佛等也"，所以说"世人性空，亦复如是"。

二十六、万法与自性

性含万法是大，万法尽是自性。见一切人及〔一〕非人，恶之与善，恶法善法，尽皆不舍，不可染著，由如〔二〕虚空，名之为大。此是摩诃行①。迷人口念，智者心〔三〕。又有迷人，空心不思，名之为大，此亦不是②。心量大，不行是小〔四〕。莫口空说，不修此行，非我弟子。

【校记】

〔一〕北本无"及"字。

〔二〕北本无"如"字。

〔三〕智者心，铃、郭、杨、邓本均改作"智者心行"。

〔四〕小，斯本作"少"。

【今译】

本性包含万法是大，万法也都是自性。见到一切人和非人，恶人和善人，恶事和善事，全都不舍弃，不可沾染粘滞，就像虚空，称之为大。这就是摩诃行。迷误的人口中念诵，智慧的人用心（运行）。又有迷误的人，使心空寂不思不想，称之为大，这也不对。心量广大，不运行就是小。不要用口空说，不用这种方法运行，那就不是我的弟子。

【简注】

①见一切人及非人，恶之与善，恶法善法，尽皆不舍，不可染著，由如虚空，名之为大。此是摩诃行：惠能在这段文字中论述了佛性的又一特性——含而不染。惠能认为佛性既像虚空一样，可以包容世界万法；同时也像虚空一样，不受染著，即不会被任何事物所染污。这就为惠能关于人内在的真如自性既含盖万法（"于自性中万法皆现"、"一切法尽在自性"）又无染无著、清净自在的观点作了理论的论证，也为禅宗的修习作了理论的论证，所以惠能称之为"摩诃行"。

②又有迷人，空心不思，名之为大，此亦不是："空心不思"，字面意思是把心空寂起来，不进行任何思维活动。惠能在这里是指传统的结跏趺坐、闭目塞听的禅定修习。如前所述，惠能反对这种修习方法，所以称为"此亦不是"。

二十七、再说摩诃般若波罗蜜

何名般若？般若是智慧。一时中念念不愚〔一〕，常行智慧，即名般若行。一念愚〔二〕即般若绝，一念智即般若生。心中〔三〕常愚，我修般若。无形相，智慧性即是。

何名〔四〕波罗蜜？此是西国梵音，唐〔五〕言彼岸到。解义离生灭。著境生灭起〔六〕，如水有波浪，即是于此岸；离境无生灭，如水永长流，故即名到彼岸①。故名波罗蜜。

迷人口念，智者心行。当念时有妄，有妄即非真有。念念若〔七〕行，是名真有②。悟此法者，悟般若法，修般若行。不修即凡，一念修行，法身等佛。

善知识！即烦恼是菩提〔八〕。前念迷即凡，后念悟即佛。善知识！摩诃般若波罗蜜，最尊〔九〕、最上、第一，无住、无去、无来。三世诸佛从中〔一〇〕出，将大智慧到彼岸，打破五阴烦恼尘劳。最尊、最上、第一，赞最上〔一一〕乘法，修行定成佛。无去、无住、无来往，是定慧等，不染一切法。三世诸佛从中变三毒为戒定慧③。

【校记】

〔一〕愚，敦博本、北本作"思"。

〔二〕愚，敦博本、北本作"思"。

〔三〕北本无"中"字。

〔四〕敦博本"何名"后有"般若"二字。

〔五〕斯本无"唐"字。

〔六〕起，斯本作"去"。

〔七〕敦博本、北本"若"后均有一"不"字。

〔八〕斯本"提"后有一"捉"字。

〔九〕北本无"最尊"。

〔一〇〕中，敦博本、北本作"口"。

〔一一〕"最上"后，斯本又有一"最上"，北本则有一"大"字。

【今译】

什么是般若？般若是智慧。一时间念头一个接着一个都不愚昧，总是运行智慧，就是般若行为。一个念头愚昧，般若就会断绝；一个念头智慧，就是般若的发生。心中总是愚昧，我修行般若。般若没有形象，就是那智慧的本性罢了。

什么是波罗蜜？这是西方国家的梵语，用大唐话说就是彼岸到。解释本义是脱离产生和熄灭。粘著于境，产生和熄灭就会兴起，就像水有波浪，这就是在此岸；脱离了境，就没有产生和熄灭，就像水永远长流，所以就叫做到彼岸。称之为波罗蜜。

迷误的人口中念诵，智慧的人用心运行。当他念诵时就有虚妄，有虚妄就不是真正具有。一个念头一个念头如果不断运行，这就叫做真正具有。领悟这种方法的，就是领悟了般若的方法，修习了般若行为。不修般若行为就是凡夫，一个念头修习了般若行为，法身就等同于佛陀。

善知识！烦恼就是菩提。前一个念头迷误就是凡夫，后一个念头领悟就是佛陀。善知识！摩诃般若波罗蜜，最尊贵、最高尚、第一位，没有处所、没有离去、没有到来。三世中所有的佛陀都从这里出来，用大智慧到彼岸，打破五阴、烦恼和尘世劳苦。最尊贵、最高尚、第一位，赞扬为最上乘的佛法，照此修行一定能够成佛。没有离去、没有处所、也没有来往，是定、慧等同，不沾染一切事项。三世中所有的佛陀从这里把三毒变成了戒定慧。

【简注】

①著境生灭起，如水有波浪，即是于此岸；离境无生灭，如水永长流，故即名到彼岸：所谓"到彼岸"，原意是脱离生死苦难之此岸，到达涅槃解脱之彼岸。小乘佛教的彼岸是一个永恒寂静、无限圆满的幸福之境。但大乘主张无住涅槃，即认为现实世界与涅槃世界的本质是一致的，反对脱离现实世界另行追求彼岸

世界。惠能在这里论述的正是大乘的观点。

惠能认为，如果执着到彼岸这一形相，即"著境"，则永远不能断绝生死，就好比有水就有波浪一样，这实际是困着于此岸而不能自拔。相反，如果不执着于到彼岸这样的形相，也就远离了、断绝了生死，由此才能真正到达彼岸。他用"如水永长流"来比喻真正的到彼岸，与前文所论述的"道须通流"的观点一脉相承，也与大乘佛教主张的"无住涅槃"完全一致。

②迷人口念，智者心行。当念时有妄，有妄即非真有。念念若行，是名真有：惠能强调宗教的实际修持。他指出，对于上述般若波罗蜜，迷误的人只是挂在嘴上讲讲，而真正的智者会在心中实践。迷误的人由于只是嘴上空讲，自然有妄，也就不是"真有"。而真正能够做到念念不舍地去实践，才叫做"真有"。

有：佛教术语，指现实世界的一切。佛教又把三界称为"三有"。佛教认为三界都是因缘而生，因而都是虚妄不实的有为法。所以三界的"有"，实际都是假有。既然如此，所谓"真有"，就是指与三界假有相对的超脱因缘的无为法，即真如佛性。后代宗宝本《坛经》把"真有"改为"真性"，明确指为佛性。

③三世诸佛从中变三毒为戒定慧：佛教把有碍觉悟的一切精神作用都称为烦恼；而一切能够断绝烦恼，成就涅槃的智慧就是菩提。烦恼与菩提本来是完全相对的范畴。但大乘如来藏思想认为，由于离菩提法性，别无诸法可言，所以烦恼当即为菩提。烦恼与菩提，相即不二。认识到这一点，烦恼就是菩提；认识不到

这一点，菩提就是烦恼。贪嗔痴三毒是佛教认为阻碍解脱的最大的烦恼，戒定慧是小乘佛教追求解脱的基本方法，称为"三学"。惠能在此接受上述如来藏思想，指出，能够认识到烦恼即菩提，则阻碍解脱的三毒也就成为帮助解脱的三学。

二十八、论般若

善知识！我此法门，从八万四千智慧。何以故？为^{〔一〕}世人^{〔二〕}有八万四千尘劳。若无尘劳，般若常在，不离自性。悟此法者，即是无念、无忆、无著。莫起^{〔三〕}杂妄，即自是真如性。用智慧观照，于一切法不取不舍，即见性成佛道①。

【校记】

〔一〕北本无"为"字。

〔二〕斯本无"人"字。

〔三〕起，斯本作"去"。

【今译】

善知识！我这个法门，随带着八万四千智慧。为什么呢？因为世俗的人有八万四千尘世劳苦。如果没有尘世劳苦，般若就永远在身，不离开自己本性。领悟这个方法的，就是无念、无忆、无著。不要生发杂念妄想，自然就是真如法性。用智慧观照，对于一切事项都不采取也不舍弃，就会见到本性成就佛道。

【简注】

①用智慧观照，于一切法不取不舍，即见性成佛道：惠能认为，人人有佛性，湛然长住。但迷误的人被虚妄的认识所误导，不但没有认识到心中的佛性，反而追逐种种虚幻的事物，听任这些虚幻的尘劳遮蔽佛性，由此轮回于生死。而如果能够用般若波罗蜜这样的大智慧来观照，于一切虚妄的尘劳不取不舍，做到无住、无相、无念，认识到自我本性——佛性的清净自在，则可马上成就佛道。

二十九、论入般若三昧

善知识！若欲入甚深〔一〕法界，入般若三昧者，直〔二〕须〔三〕修般若波罗蜜行。但持《金刚般若波罗蜜经》一卷，即得见性，入般若三昧，当知此人功德无量。经中分明赞叹，不能具说。此是最上乘法，为大智上根人说。少根智人若闻法，心不生信。何以故？譬如大龙，若下大雨，雨于〔四〕阎浮提如漂草叶；若下大雨，雨放大海，不增不减。若大乘者，闻说《金刚经》，心开悟解，故知本性自有般若〔五〕之智。自用智慧观照，不假文字。譬如其雨水，不从天〔六〕有，元是龙王于江海中将身引此水，令一切众生，一切草木，一切有情无情，悉皆蒙〔七〕润。诸水众流，却入大海。海纳众水，合为一体。众生本性般若之智，亦复如是①。

【校记】

〔一〕北本"深"后有一"心"字。

〔二〕直，北本作"真"。

〔三〕斯本无"须"字。

〔四〕于，敦博本作"提"，斯本作"衣"，邓本认为通"于"。北本无此字。

〔五〕般若，敦博本、北本作"本性"。

〔六〕天，斯本作"无"。以"天"为是，参张伟然《读敦煌本〈坛经〉札记四条》。

〔七〕蒙，斯本作"像"。

【今译】

善知识！如果要进入甚深的法界，进入般若三昧，只须修练般若波罗蜜行为。只要持有《金刚般若波罗蜜经》一卷，就能见到本性，进入般若三昧，就能知道这个人的功德无量。经中分明赞叹这样的做法，只是不能详细解说。这是最上乘的佛法，给大智慧上根人说的。少根的智人如果听到这个佛法，心中不会产生信任。为什么呢？譬如大龙，若下大雨，下到阎浮提洲（漂浮）就像漂浮草叶；若下大雨，雨下到海里，海水不增加也不减少。就像修习大乘佛法的人，听讲《金刚经》，心窍顿开，领悟理解，所以知道本性自有般若智慧。自己用智慧观照，并不借助文字。就像这雨水，不是从天上下来，本是龙王从江海中用自身引这水来，让一切众生，一切草木，一切有情的和无情的，全部都蒙受滋润。所有的江河水流，却又归入大海。大海纳受众水，把它们合为一体。众生本性中的般若智慧，也是这个样子。

【简注】

①海纳众水，合为一体。众生本性般若之智，亦复如是：本段论述佛性与众生个我本性的关系。惠能认为，众生本性般若之智，与作为世界本原的佛性是一非二；两者的关系，实际是总体与部分的关系。他用海水与江河之水来比喻两者，这与《华严经》等佛教经典所表述的理论也是一致的。

三十、少根与大智

少[一]根之人，闻说此[二]顿教，犹如大地草木根性自少者，若被大雨一沃，悉[三]皆自倒，不能增长。少根之人，亦复如是。

有般若之[四]智[五]与大智之人，亦无差别。因何闻法即不悟？缘邪见障重，烦恼根深，犹如大云盖覆于日，不得风吹，日无能现。般若之[六]智，亦无大小，为一切众生自有迷心，外修觅佛，未悟自性，即是少[七]根人。闻其顿教，不信外修，但于自心令自本性常起正见，一切邪见[八]烦恼尘劳众生，当时尽悟，犹如大海纳于众流，小水大水合为一体，即是见性。内外不住，来去自由，能除执心，通达无碍。心修此行，即与[九]《般若波罗蜜经》本无差别。

【校记】

〔一〕此处与本段以下两个"少"字，旅本均作"小"。

〔二〕北本无"此"字。

〔三〕悉，敦博本作"迷"，北本作"速"。

〔四〕北本无"之"字。

〔五〕斯本、旅本"智"字后有一"之"字。

〔六〕北本无"之"字。

〔七〕少，博本、旅本均作"小"，据北本改。

〔八〕斯本无"一切邪见"四字。

〔九〕与，北本作"以"。

【今译】

少根的人，听说这种顿教，就像大地上那些根须本来就少的草木，如果被大雨一浇，全部自己倒伏，不能生长。少根的人，也是这样。

有般若智慧的和大智慧的人，也没有差别。为什么他们听说这个顿法也不领悟呢？因为他们邪见障蔽太重，烦恼根子太深，就像密云遮蔽日月，没有风来吹散，阳光就无法显现。般若的智慧，也没有大小之别，只因为所有的众生自己有一颗迷惑的心，向外面修行求佛，没有领悟自己本性，就是少根的人。听说顿教，不相信外修，只是在自己心中让自己本性永远生发正确见解，一切有关邪见烦恼尘世劳苦芸芸众生等等问题，当时就能全

部领悟，就像大海收纳条条江河流水，大水小水合为一体，就是
见性。或内或外都不停住，或来或去全由自己，能够消除执着的
心，处处通达没有障碍。心中这样的修行，就和《般若波罗蜜经》
没有差别。

三十一、万法本从人兴

一切经书及文字，小大二乘、十二部经，皆因人〔一〕置。因智慧性故，故然能建立。我若无智人，一切万法本亦〔二〕不有，故知万法本从人兴①。一切经书，因人说有。缘在人中，有〔三〕愚有智；愚为小〔四〕故，智为大人。问迷人于智者，智人与愚人说法，令使愚者悟解心〔五〕开。迷人若悟心开，与大智人无别。故知不悟，即〔六〕佛是众生；一念若悟，即众生〔七〕是佛。故知一切万法，尽在自身心〔八〕中，何不从于自心，顿见〔九〕真如本性?《菩萨戒经》云〔一〇〕:"我本源自性清净。"②识心见性，自成佛道。即时豁然，还得本心。

【校记】

〔一〕斯本无"人"字。

〔二〕亦，斯本作"无"。

〔三〕斯本"有"后又有一"有"字。

〔四〕小，斯本、旅本作"少"。

〔五〕心，斯本作"染"。

〔六〕斯本"即"后有一"是"字。

〔七〕斯本"众生"后有一"不"字。

〔八〕北本无"心"字。

〔九〕见，斯本作"现"。

〔一〇〕云，北本作"云云"。

【今译】

　　一切经书和文字，小乘大乘两家、十二部佛经，都是由人创立的。由于他们智慧的本性，所以能够创立。假如他们都是没有智慧的人，一切一切千万种佛法本来也就不会产生，所以知道千万种佛法本来是由人创立的。一切佛教经书，因为有人说法，才有它们。因为在人群之中，有愚昧也有智慧的；愚昧的为小人，智慧者为大人。迷惑的人向智慧者请教，智慧者给愚昧者讲说佛法，让愚昧的人领悟理解心灵开窍。迷误的人如果领悟心灵开窍，和智慧的大人没有差别。因此知道，不领悟，佛就是众生；一念领悟，众生就是佛。因此知道一切一切千万种佛法，都在自身的心里，为什么不从自己心中，立刻见到真如本性？《菩萨戒经》说："我的本源自性是清净的。"认识自己的心，见到自己的本性，自己就成就了佛道。马上豁然开朗，复归本心。

【简注】

①故知万法本从人兴：惠能在前面提到："我此法门，从八万四千智慧。何以故？为世人有八万四千尘劳。"八万四千智慧，是人的智慧。佛法是由人的智慧产生的。人创立佛法，又是因为世人有八万四千尘劳，有种种妄想、种种烦恼，因此才有种种佛法、种种度人法门。从这个角度讲，佛教的种种理论、种种经书、种种修习方法，都是人创立的，也都是为人而设的。

②《菩萨戒经》云："我本源自性清净。"：此处的《菩萨戒经》指《梵网经》。《梵网经》卷下云："是一切众生戒，本源自性清净。"故有的研究者认为，大小乘皆把"我"看作是五蕴的和合，属无常法，把执著"我"的见解称为"有身见"或"我见"，主张断除。由此提出《坛经》此处的"我本源自性清净"应为"戒本源自性清净"之误写。由于"我"、"戒"字形相似，因此，的确存在着误写的可能性。

查敦煌本《坛经》出现"我"多处。除了作为人称代词使用外，作为佛教概念使用的，尚有如下用例：

1、不断胜负，却生法我，不离四相。

2、外行恭敬，若轻一切人，吾我不断，即自无功德。

3、人我即是须弥，邪心即是海水……无我人，须弥自倒；除邪心，海水竭。

4、我心自有佛，自佛是真佛。

5、如来入涅槃，法教流东土。共传无住，即我心无住。

前三个用例属于佛教批判的人我见或法我见。后两个"我心"的用例则显然与前不同，是指内在的心性、自性。也就是说，惠能在使用"我"这个词时，并没有严格遵守印度佛教的规范。那么，此处的"我"是什么意思呢？

在本段文字中，惠能强调迷误的关键在于人心。不悟，佛是众生；一念若悟，众生是佛。要求"于自心，顿见真如本性"。这里的"自心"，就是"我心"。所以，惠能紧接着说的"我本源自性清净"，实际是进一步为"于自心，顿见真如本性"这一论述提供理论依据，说明能够于自心顿悟的依据就在于自心本源自性清净。由此得出禅宗的基本观点："识心见性，自成佛道。"显然，如果将上述的"我"依照《梵网经》原文校订为"戒"，并不符合惠能原意，也使原文窒碍难通。

惠能在《坛经》中还引用过一次《梵网经》的这段文字，见第二十章：

"外离相即禅，内外不乱即定。外禅内定，故名禅定。《维摩经》云：'即时豁然，还得本心。'《菩萨戒》云：'本源自性清净。'善知识！见自性自净，自修自作自性法身，自行佛行，自作自成佛道。"

惠能在此引用《梵网经》的这段文字时既没有出现"我"，也没有出现"戒"，但从上下文看，他所说的"本源自性清净"的对象，显然也不是"戒"，而是指"我心"或"自心"，亦即人内在的法性。

古代僧人引用经典时常有为我所用的情况，此亦一例。

三十二、论大善知识

善知识！我于忍和尚处，一闻言下大悟，顿见真如本性，是故〔一〕以〔二〕教法流行后代，令〔三〕学道者顿悟菩提，各自观心，令自本性顿悟。若能自悟者〔四〕，须觅大善知识示道见性。

何名大善知识〔五〕？解最上〔六〕乘法，直示〔七〕正路，是大善知识，是大因缘。所为化道，令得见佛。一切善法，皆因大善知识能发起故。三世诸佛，十二部经，亦〔八〕在人性中本自具有，不能自〔九〕悟，须得善知识示道见性。若自悟者，不假外求〔一〇〕善知识。

若取外求善知识，望得解脱〔一一〕，无有是处。识自心内善知识，即得解脱〔一二〕。若自心邪迷，妄念颠倒，外善知识即有教授，汝若不得自悟。当起般若观照，刹那间，妄念俱灭，即是自真正善知识，一悟即至〔一三〕佛地〔一四〕。自性心地，以智慧观照，内外明彻，识自本心。若识本心，即是解脱。既得解脱，即是般若三昧。悟般若三昧，即是无念。

何名无念？无念法者，见一切法，不著一切法〔一五〕；遍一切处，不著一切处①。常净自性，使六贼从六门走出，于六尘中不离不染，来去自由，即是般若〔一六〕三昧，自在解脱，名无念行。莫百物不思，当令念绝，即是法缚，即名边见②。悟无念法者，万法尽通；悟无念法者，见诸佛境界〔一七〕；悟无念顿法者，至佛位地。

【校记】

〔一〕故，敦博本、北本均作"顿"。

〔二〕以，斯本作"汝"。

〔三〕令，原作"今"，据上下文改。

〔四〕若能自悟者，铃、郭、杨、邓本均改作"若不能自悟者"。

〔五〕斯本无"识"字。

〔六〕北本"上"后有一"大"字。

〔七〕示，斯本作"是"。

〔八〕敦博本、北本无"亦"字。

〔九〕斯本、旅本"自"后有一"性"字。

〔一〇〕斯本、旅本无"求"字。

〔一一〕脱，斯本作"说"。

〔一二〕斯本无"脱"字。

〔一三〕至，斯本作"知"。

〔一四〕地，斯本作"也"。

〔一五〕敦博本、北本无"不著一切法"。

〔一六〕北本无"若"字。

〔一七〕北本无"界"字。

【今译】

善知识！我在弘忍和尚那里，一听就马上领悟，立刻见到真如本性，因此要把这顿教的方法流传给后代，让学道之人立刻就能领悟菩提，各自观察自己的心，让自己的本性立刻领悟。如果〔不〕能自己领悟的，必须找到大善知识指出见到本性的道路。

什么是大善知识？懂得最上乘的佛法，直接指出正确的道路，是大善知识，是大因缘。所做所为是教化佛道，令人们得以见到佛陀。一切善的方法，都是由大善知识发起的。三世诸佛，十二部经，也是在人的本性中本来就具有的，假如不能自己领悟，就需要善知识指示见性的道路。如果能够自悟，就不必向外寻求善知识。

如果向外寻求善知识，指望得到解脱，就没有一样是对的。认识自己心内的善知识，就能得到解脱。如果自己心灵被邪见迷惑，念头虚妄颠倒，外面的善知识即使有所教导，你们也得不到自己的领悟。〔你们〕应当动员起〔自己的〕般若智慧进行观照，刹那之间，虚妄的念头全部熄灭，就是自己具有的真正的善知识，一下领悟就到达佛地。自己的本性心地，用智慧进行观照，内外光明透亮，就认识了自己的本心。如果认识自己的本心，就是解脱。得到解脱，就是般若三昧。领悟般若三昧，就是无念。

　　什么叫无念？所谓无念法，就是观见一切事项，不止滞于任何事项；遍布一切场所，不止滞于任何场所。永远使自己本性清净，让六贼从六门走出，在六尘中不脱离也不沾染，来来去去全由自己，就是般若三昧，自在解脱，这叫做无念行。不要什么事也不想，这会使念头断绝，就被方法束缚，这叫做边见。领悟了无念法者，千万佛法都全部精通；领悟了无念法者，就见到了所有一切佛的境界；领悟了无念顿法的，就是到了佛的位置境地。

【简注】

　　①无念法者，见一切法，不著一切法；遍一切处，不著一切处：惠能主张的"无念"，不是要人们断绝一切思想，而是要人们不要去执着这些思想。提倡一种任运自然的生活态度，所以说既见一切法，又不执着于一切法；既遍一切处，实际又不执着于一切处。有则后代禅师的公案，可作为惠能上述论述的注解。

　　有僧人问大珠慧海禅师："和尚修道还用功否？"禅师回答："用功。"僧人问："如何用功？"禅师说："饥来吃饭，困来即眠。"僧人追问："一切人总如是，同师用功否？"禅师说："不同。"问："何故不同？"禅师回答："他吃饭时不肯吃饭，百种须索；睡时不肯睡，千般计较。所以不同也。"（见《五灯会元·越州大珠慧海禅师》）

②莫百物不思，当令念绝，即是法缚，即名边见：不要什么事物也不思虑，那就会使自己断绝思想。如果那样，就是一种法缚，就叫做边见。

"法"，指世间的万事万物。佛教主张人应该在世间的万事万物中得到自由。如果相反，被那些事物所束缚，不得自由，就是"法缚"。"边见"，指片面执着于某一个角度、某一个方面，而不能全面地看待、处理问题的方法或观点，是一种妨碍进道的错误。把无念当做必须闭目塞听地断绝一切思想，就是一种边见。

诸校本或将上文的"莫"校订为"若"，将原句的正面制止，改为假定句式。意思虽然差不多，但叙述语气的轻重程度有不同。且原文文从字顺，可不改。

三十三、论传法

善知识！后代得吾〔一〕法〔二〕者，常见吾法身不离汝左右。善知识！将此顿教法门，同见同行，发愿受持，如事佛故〔三〕。终身受持而不退者，欲入圣位，然须传〔四〕受。从〔五〕上已来，嘿然而付衣法，发大誓愿，不退菩提，即须分付。若不〔六〕同见解，无有志愿，在在处处，勿妄宣传。损彼前人，究竟无益。若愚〔七〕人不解，谤此法门，百劫万劫〔八〕千生，断佛种性。

【校记】

〔一〕吾，斯本作"悟"。

〔二〕敦博本、北本无"法"字。

〔三〕事，斯本、敦博本作"是"。故，敦博本作"教"。

〔四〕传，斯本作"缚"。

〔五〕斯本"从"前有一"将"字。

〔六〕北本无"不"字。

〔七〕愚，旅本作"遇"。

〔八〕敦博本无"万劫"。

【今译】

善知识！后代得到我传顿法的人，就能经常看见我的法身不离他的左右。善知识！把这个顿教的法门，共同理解共同实行，发誓志愿接受保持，就像侍奉佛祖一样。终身接受保持并且不退缩的，如想进入圣位，也需要传授。从很早以来，默默传授僧衣佛法，发大誓愿，不退转菩提，也必须嘱咐。如有不同见解，不是心甘情愿，时时处处，就不要轻易宣扬传授。损害前人，到底也没有什么益处。如果愚昧的人不能理解，诽谤这个法门，就会百劫千劫千世万世，断绝成佛的种子和本性。

三十四、无相、灭罪颂

　　大师言：善知识！听吾说《无相颂》，令汝迷者罪灭，亦名《灭罪颂》。颂〔一〕曰：

　　　　愚人修福不修道，
　　　　谓言修福而〔二〕是道〔三〕。
　　　　布施供养福无边，
　　　　心中三业元来在。
　　　　若将修福欲灭罪，
　　　　后世得福罪元〔四〕造〔五〕。
　　　　若解向心除罪缘，
　　　　各自性〔六〕中真忏悔。
　　　　若悟大〔七〕乘真忏悔，
　　　　除邪行正即〔八〕无罪①。
　　　　学道之人能自观，

即与悟人同一例。

大师令〔九〕传此顿教，

愿学之人同一体。

若欲当来觅本身，

三毒恶缘心里〔一〇〕洗。

努力修道莫悠悠，

忽然虚度一世休〔一一〕。

若遇大乘顿教法，

虔诚合掌志心求。

大师说法了。韦使君、官〔一二〕僚、僧众、道俗，赞言无尽，昔所未闻。

【校记】

〔一〕北本无"颂"字。

〔二〕而，敦博本、北本作"如"。

〔三〕斯本无"道"字。

〔四〕元，斯本作"无"。

〔五〕造，北本作"在"。

〔六〕性，斯本作"世"。

〔七〕大，敦博本作"六"。

〔八〕即，斯本作"造"。

〔九〕令，敦博本作"今"。

〔一〇〕里，斯本作"中"、旅本作"重"。

〔一一〕北本无此句七字。

〔一二〕北本无"官"字。

【今译】

惠能大师说：善知识！听我说《无相颂》，让你们迷惑的人罪业消灭，也叫《灭罪颂》。颂文是：

> 愚人修福田不修佛道，
> 反说修福田就是修道。
> 他们布施、供养福田无限，
> 心中的三业却仍然存在。
> 若把修行福田用来灭罪，
> 后世得到福田罪业仍在创造。
> 若懂从心里消除罪业因缘，
> 各自要从本性中真正忏悔。
> 若能领悟大乘的真正忏悔，
> 消除邪见实行正道就不再有罪。
> 学道的人儿若能观照自己，
> 就和悟道的人们同是一类。
> 大师让传授这个顿悟教法，
> 愿意学习的人就是同一整体。
> 要想将来找到自己本来面目，

三毒恶缘必须要从心中清除。

要努力修道不要满不在乎，

虚度光阴一生很快就会结束。

如果遇到大乘的顿教法门，

要虔诚致敬立志用心追求。

　　大师说法完毕，韦使君、官吏们、众僧人、信道者和俗人，赞叹的言词无穷无尽，都说这是过去从未听说过的。

【简注】

　　①若悟大乘真忏悔，除邪行正即无罪："大乘真忏悔"，指无相忏悔。无相忏悔的要义是不讲究一切外在的形相，要求从内心深处祛除错误的思想（除邪）和树立正确的佛教世界观（行正）。惠能认为，只要能够做到上述要求，自然不会再有任何罪业。而传统佛教所主张的修福、忏法等等，都不是真正趋向解脱的道路。

三十五、功德与福田

使君礼拜，白[一]言："和尚说法，实不思议。弟子当有少疑，欲问和尚。望意和尚大慈大悲，为弟子说。"

大师言："有疑即问，何[二]须再[三]三。"

使君问[四]："法可不如[五]是西国第一祖[六]达摩祖师宗旨？"①

大师言："是。"

"弟子见说，达摩大师代，梁武帝问达摩：'朕一生已来造寺、布施、供养，有[七]功德否？'达摩答言：'并无功德。'武帝惆怅，遂遣达摩出境。未审此言，请和尚说。"

六祖言："实无功德，使君勿[八]疑达摩大师言。武帝著邪道，不识正法。"

使君问："何以无功德？"

和尚言："造寺、布施、供养，只是修福，不可将福以为功德。功德〔九〕在法身，非在于福田〔一〇〕。自法性有功德，平直是〔一一〕佛性。外行恭敬〔一二〕，若轻一切人，吾〔一三〕我不断，即自无功德。自性无功德〔一四〕，法身无功德。念念〔一五〕行平等真心，德即不轻。常行于敬，自修身即功，自〔一六〕修〔一七〕心即德。功德自心作，福与功德别②。武帝不识正理，非祖大师有过。"

【校记】

〔一〕白，旅本作"自"。

〔二〕敦博本无"何"字。

〔三〕北本无"问和尚……须再"二十五字。

〔四〕问，斯本、敦博本、北本、旅本皆作"闻"，笔误。

〔五〕如，斯本、旅本作"不"。

〔六〕祖，敦博本、北本作"师"，据斯本、旅本定。

〔七〕斯本"有"字后又有一"有"字。

〔八〕斯本、旅本"使君"后有一"朕"字，旅本无"勿"字。

〔九〕斯本无"功德"二字。

〔一〇〕敦博本、北本无"田"字，据斯本补。

〔一一〕斯本"是"后有"德"字。另，杨本、邓本均于"平直是德"前加"见性是功"四字。

〔一二〕旅本"外行恭敬"前有"佛性者"三字。

〔一三〕吾，斯本作"悟"。

〔一四〕无功德，斯本、旅本作"虚妄"。

〔一五〕斯本"念念"后有一"德"字。

〔一六〕北本无"自"字。

〔一七〕斯本"修"后有一"身"字。

【今译】

韦使君礼拜，禀告道："和尚说的法，真是不可思议。弟子多少有点疑惑，想请教和尚。请和尚大慈大悲，为弟子解说。"

大师说："有疑惑就问，不要这么客气。"

使君问："您传的法可是西国第一祖达摩大师的宗旨？"

大师回答："是。"

"弟子听说，达摩大师那时，梁武帝问达摩：'朕一生以来造寺、布施、供养，有功德吗？'达摩回答说：'并无功德。'武帝惆怅，就遣送达摩出了国境。不懂得这些话，请和尚解说。"

六祖回答："确实没有功德，使君不要怀疑达摩大师的话。梁武帝着了邪道，不认识真正的佛法。"

使君问："为什么没有功德？"

和尚说："造寺、布施、供养，只是修福，不可把福田当做功德。功德在法身，不在福田那里。自己的法性有功德，平和正直是佛性。表面行为恭敬，如果轻视所有的人，不能断绝吾啊我啊这些念头，就自然没有功德。自己本性上没有了功德，法身也就没有了功德。一个念头接着一个念头运行的都是平等真心，德就不轻。经常施行恭敬，自修自己本身就是功，自修自己的心就是德。功德从自己心里发生，福田与功德有所区别。梁武帝不懂得正道道理，并非初祖大师的过错。"

【简注】

①使君问："法可不如是西国第一祖达摩祖师宗旨？"：本句文意窒碍。查敦博本，原文作"使君问法可不如是西国第一师达摩祖师宗旨"，斯本作"使君问法可不不是西国第一祖达摩祖师宗旨"，北本作"使君问法可不如是西国第一师达摩祖师宗旨"。均不通。

又，细审诸本抄写方式。

敦博本抄写比较讲究格式，分段时往往另起行，一个意群结束往往留有一字左右的间隔。敦博本抄写此句时，在"如是"与"西国"间略有间隔，但间隔不足一字。

北本亦有一个意群留一字间隔的情况。抄写此句时，在"如是"后留有一字左右间隔；接抄"西国第一师宗旨大师达磨祖师"，因错圈废；又接抄"西国第一师达摩祖师宗旨"。

斯本抄写不讲究格式，全文除偈颂外，基本上一气抄就，无比较价值。

根据上述敦博本与北本此句的抄写格式，颇怀疑敦博本、北本所据底本此句原又有错漏，不可通。抄写者发现这一点，又无别本可作参考，故在抄写时有间隔，以示与正常文字的区别。

惠昕本此句作："使君问：'可不是达摩大师宗旨乎？'"宗

宝本作："韦公曰：'和尚所说，可不是达摩大师宗旨乎？'"

由此可以推知，原句应为使君询问惠能所说是否就是达摩所传之法，但敦煌本字有错漏。

②功德：佛教术语，原指功业福德，一般用来指行善以后所得的果报。隋唐以后，中国佛教进入所谓"末法"时期，一般认为，末法时期无修无证，既未预圣位，在五道中流转，则非福何凭？所以功德思想尤为流传。举凡造寺、布施、供养、写经、开窟、造像种种，均为做功德的对象。这些对象又称为"福田"，犹如田地，耕种后可获福报。传统认为福报有现世福报、来世福报等种种不同类型。甚至有谓通过功德可以成佛的说法。上述功德思想反映了佛教信仰世俗的一面，成为信仰性佛教的理论基础。

惠能从自证自修、见性成佛的立场出发，不赞同上述传统的功德理论。他认为诸种善行可以得到福报，但没有功德。在他的理论体系中，福报指因善行而将在今世或某世得到的好的果报，而功德则是与最终解脱相关的一个范畴。从而主张"不可将福以为功德"，亦即将福报与功德严格区别开来。从而建立起禅宗特有的功德理论。

由于功德与解脱相联系，而解脱的关键在于对自性的证悟，所以惠能主张"功德在法身，非在于福田"。功德虽在法身，但法身本身并非功德，亦即"自性无功德，法身无功德"。在惠能看来，所谓功德，实际是人对内在真如佛性的证悟的一个过程，所以他说"自修身即功，自修心即德"，对功德做了全新的定义。

三十六、论西方净土

使君礼拜，又问：“弟子见僧〔一〕俗常念阿弥陀〔二〕佛，愿往〔三〕生西方，请和尚说，得生彼否？望为破疑。”

大师言：“使君，听惠能与说。世尊在舍卫城〔四〕说西方引化，经文分明，去此不〔五〕远。只为下根说近，说远只缘上智①。人自两种〔六〕，法无［两］般〔七〕。迷悟有殊，见有迟疾。迷人念佛生彼，悟者自净其心。所以佛言：‘随其心净，则佛土净。’使君，东方但净心，无罪；西方心不净，有愆。迷人愿生东方、生〔八〕西者，所在处并皆一种。心地〔九〕但无不净〔一〇〕，西方去此不远。心起不净之心，念佛往生难到。除恶即行十万，无八邪即过八千。但行真心，到如弹〔一一〕指。使君但行十善，何须更愿往生？不断十恶之心，何佛即来迎请？若悟无生顿法〔一二〕，见西方只在刹那；不悟顿教大乘，念佛往生路遥〔一三〕，如何得达〔一四〕？”

六祖言：“惠能与使君移西方刹那间，目[一五]前便见。使君愿见否？”

使君礼拜：“若此得见，何须往生，愿和尚慈悲，为现西方，大善！”

大师言：“一时见西方[一六]，无疑即散。”

大众愕然，莫知何是[一七]。

大师曰：“大众大众作意听：世人自色身是城，眼耳鼻舌身即是城门。外有六门，内有意门。心即是地，性即是王。性在王在，性[一八]去王无。性在身心存，性去身坏②。佛是自性作，莫向身求。自性迷，佛即是[一九]众生；自性悟，众生即是佛[二○]。慈悲即是观音，喜舍名为势至，能净是释迦，平直即[二一]是弥勒，人我即[二二]是须弥。邪心即[二三]是海水[二四]，烦恼即[二五]是[二六]波浪，毒心即[二七]是恶龙，尘劳即[二八]是鱼鳖[二九]，虚妄即是鬼神[三○]，三毒即是地狱，愚痴即是畜生，十善即[三一]是天堂。无我人[三二]，须弥自倒[三三]；除邪心，海水竭；烦恼无，波浪灭；毒害除，鱼龙绝。自心地上觉性如来，施大智慧光明，照耀六门清净，照破六欲诸[三四]天下，照三毒若除，地狱一时消灭，内外明彻，不异西方。不作此修，如何到彼！”

座下闻说，赞声彻天，应是迷人，了[三五]然便见。使君礼拜，赞言：“善哉！善哉！普愿法界众生，闻者一时悟解。”

【校记】

〔一〕斯本、旅本"僧"后有一"道"字。

〔二〕陀，斯本作"大"。

〔三〕敦博本、北本无"往"字。

〔四〕城，斯本作"国"。

〔五〕不，北本作"否"。

〔六〕两，旅本作"雨"。种，斯本作"重"。

〔七〕般，斯本作"不"。铃本、郭本改此句为"法无不一"；杨本改为"法无两般"，邓本同杨。

〔八〕除旅本外，他本无"生"字。

〔九〕斯本无"地"字。

〔一〇〕北本无"净"字。

〔一一〕弹，除旅本外，他本皆作"禅"。

〔一二〕北本"法"后有一"者"字。

〔一三〕遥，敦博本作"远"。

〔一四〕达，敦博本、北本作"但"。

〔一五〕目，旅本作"日"。

〔一六〕斯本此句作"唐见西方"。

〔一七〕是，敦博本、北本作"事"。

〔一八〕性，北本作"法"。

〔一九〕斯本、旅本无"是"字。

〔二〇〕北本无"即"字。

〔二一〕斯本无"即"字。

〔二二〕斯本无"即"字。

〔二三〕斯本无"即"字。

〔二四〕海水，斯本作"大海"。

〔二五〕斯本、北本无"即"字。

〔二六〕北本无"是"字。

〔二七〕斯本无"即"字。

〔二八〕斯本无"即"字。

〔二九〕北本至此残缺。

〔三○〕鬼神，斯本作"神鬼"。

〔三一〕斯本无"即"字。

〔三二〕无我人，斯本作"我无人"。

〔三三〕倒，敦博本作"到"。

〔三四〕敦博本无"诸"字。

〔三五〕了，斯本作"人"。

【今译】

使君礼拜，又问："弟子见僧人俗人经常念诵阿弥陀佛，盼望往生西方，请和尚解说，能够往生那里吗？请为破解疑惑。"

大师说："使君，听惠能对您说。世尊在舍卫城讲说西方接引用来教化，经文明明白白，净土离此不远。只对下根人说很近，而说净土很远，只因为对象是上智。人自有两种，佛法却没有两般。迷惑和领悟不同，理解有慢有快。迷误人念佛指望往生那里，领悟者则自己清净他的心灵。所以佛说：'随着他的心灵干净，佛土也就干净了。'使君，东方人只要清净自己的心，就没有罪业；西方人不净心里，也是罪过。迷误人盼望往生东方或是西方，其实到处都是一样。只要心地没有不净，西方离这里就不远了。心里兴起不干净的念头，念多少佛号盼望往生也到不了。消除恶行就是行了十万善事，没有八邪就是超越了八千罪业。只要运行真心，到西方就像弹一下指头。使君只要行十足善事，哪里还需要盼望往生？如果不断十恶的心，哪里会有佛来迎请？如能领悟这没有往生之说的顿悟法门，要见到西方就只在刹那之间；不领悟这顿教大乘法门，念佛号企求往生就路途遥远，如何能够到达？"

六祖说："惠能能在刹那之间就给使君移来西方净土，眼下就可以看见，使君愿意看吗？"

使君礼拜："若在这里能够看见，何必还要往生，希望和尚慈悲，给我们显现西方净土，最好不过！"

大师说："这里就是西方，没有怀疑就此解散。"

大家怀疑，不知如何是好。

大师说："大众大众仔细听：世人自己的色身是城，眼耳鼻舌身就是城门。外面有六道门，内里有意门。心就是土地，性就是王者。本性在王者就在，本性离开王就消失。本性在，身心就存在；本性离开，身体就损坏。佛是从自己本性产生的，不要到身体中去寻求。自己本性迷失，佛就是众生；自己本性领悟，众生就是佛。慈悲就是观音菩萨，喜欢施舍就是势至菩萨，能够清净就是释迦牟尼佛，平和正直就是弥勒佛，分别人与我就是须弥山。邪心就是海水，烦恼就是波浪，毒心就是恶龙，尘世劳苦就是鱼鳖，虚妄就是鬼神，三毒就是地狱，愚痴就是畜生，十善就是天堂。没有我与人的分别，须弥山就自然倒塌；消除邪心，海水枯竭；没有烦恼，波浪消灭；除掉毒害，鱼龙死绝。从心地上觉悟本性如来，大智慧放出光明，照耀六门清净，照破六欲众天下，若能照耀得三毒消灭，地狱就立即消灭，内外明亮清澈，和西方没有差别。不做这样的修行，如何能够到那里！"

座下听到如此说，赞颂的声波响彻云天，即是迷误的人，也会清楚地看见。使君礼拜，赞颂说："善哉！善哉！祝愿法界所有众生，听后都立即领悟理解。"

【简注】

①只为下根说近，说远只缘上智：佛教认为人的层次高下不同，把这种不同称为根机。上根机的人比较聪明，可以领悟高深的佛教理论；下根机的人比较愚笨，无法懂得高深的理论，只能接受一些粗浅的东西。

禅宗的基本立场是自证自修，见性成佛，与净土思想的基本立场——他力拯救——正好相反。因此，惠能的理论与净土理论实际是针锋相对的，这一点在《坛经》中多有反映。惠能认为，净土理论不过是佛教应机度人的方便设教而已，它是针对那些下根机的人来讲的。所以在他看来，经典中说净土不远，那也只是为引诱下根机人入道的一种方便设教；而对于上根机的人来说，通过净土法门来寻求解脱，不仅仅是太渺茫，而且简直不可能。所以他说："只为下根说近，说远只缘上智。"

②性在身心存，性去身坏：惠能在此提出身、心、性三个范畴，作为分析人的构成的基本概念。身即肉体，心即精神，性即自性。关于身心的解释，惠能并没有超出传统的范围。但他认为，如果说心是土地，自性就是统治这片土地的国王。这是惠能的创造。应该说，对于人的精神的分析，佛教，特别是佛教的唯识学说，已经达到相当高的层次，分析得十分精细。比较之下，惠能的论述则显得较为粗疏。

惠能又提出，自性在，身心就存在；自性如果失去，身心就败亡。这主要是强调自性对人的统率作用与重要意义，提醒人们对此予以充分的重视。因为如下文所说："佛是自性作，莫向身求。"

诸校本或有将"性去身坏"根据惠昕本校订为"性去身心坏"者。此处敦煌本确缺漏"心"字。

三十七、无相颂

　　大师言："善知识！若欲修行，在家亦得，不由在寺。在寺不修，如西方心恶之人；在家若修行，如东方人修善。但愿自家修清净，即是西方。"

　　使君问："和尚[一]，在家如何修？愿为指授。"

　　大师言："善知识！惠能与道俗作《无相颂》，尽诵[二]取，依此修行，常与惠能说一处无别。"颂曰：

　　　　说通及心通，如日处[三]虚空。

　　　　惟传顿教法，出世破邪宗。

　　　　教即无顿渐，迷悟有迟疾。

　　　　若学顿法门[四]，愚人不可迷。

　　　　说即须[五]万般，合理[六]还归一。

　　　　烦恼暗宅中，常须生慧日。

　　　　邪来因烦恼，正来烦恼除。

邪正悉^{〔七〕}不用，清净至无余^①。

菩提本清净，起心即是妄^②。

净性于妄中，但正除三障^③。

世间若修道，一切尽不妨。

常现在己过，与道即相当。

色类自有道，离道别觅道^④。

觅道不见道，到头还自懊。

若欲觅真^{〔八〕}道，行正即是道。

自若无正心，暗行不见道。

若真修道人，不见世间愚^{〔九〕}。

若见世间非，自非却是左^⑤。

他非我不^{〔一〇〕}罪，我非自有罪^⑥。

但自去非心，打破烦恼碎。

若欲化愚人，事^{〔一一〕}须有方便。

勿令破彼疑，即是菩提见。

法元在世间，于世出世间。

勿离世间上，外求出世间^⑦。

邪见在^{〔一二〕}世间，正见出世间。

邪正悉^{〔一三〕}打却……^⑧

此但是顿教，亦名为大乘。

迷来经累劫，悟即^{〔一四〕}刹那间。

【校记】

〔一〕斯本无"尚"字。

〔二〕敦博本无"尽诵"二字。

〔三〕处，斯本作"至"。

〔四〕法门，斯本作"教法"。

〔五〕须，敦博本作"虽"。

〔六〕理，敦博本作"离"。

〔七〕悉，斯本作"疾"。

〔八〕觅真，斯本作"贪觅"。

〔九〕愚，敦博本作"遇"。

〔一〇〕不，斯本作"有"。

〔一一〕事，斯本作"是"。

〔一二〕在，斯本作"出"。

〔一三〕悉，敦博本作"迷"。

〔一四〕即，斯本作"则"。

【今译】

大师说："善知识！要想修行，在家也可以，不必在寺中。在寺中不修行，就像西方心恶的人；在家如果修行，就像东方人修善。只希望你们自己修习清净，就是西方。"

使君询问："和尚，在家如何修行？请加以指教。"

大师说："善知识！惠能给修道者和俗人创作了《无相颂》，

都诵念记取，照这样修行，就像和惠能常在一处没有差别。"
颂道：

口说精通和心中精通，就像太阳挂在天空。

只有传授顿教法门，才能解脱出世破除邪宗。

教门不分顿教渐教，从迷惑到领悟却快慢不同。

若是学了顿教法门，愚人也不会被迷惑。

讲说需要百般解释，合理终究要道路归一。

烦恼这黑暗的住宅之中，需要经常产生智慧的阳光。

邪见到来是因为有了烦恼，正见来到烦恼就会消除。

邪见正见都不使用，清净就会达到无限彻底。

菩提本来是清净的，生起念头就是虚妄。

清净本性处于虚妄之中，只要持正就能除掉三种屏障。

世间俗人若能修道，一切都不会有所妨碍。

经常检查自己的过错，和正道也就一模一样。

色界各类都有自己的道路，离开自己的道路另外寻道。

寻道却看不见道，到头来反而自己懊恼。

若要寻觅真的正道，行为正确就是大道。

自己若无正直的心，就像在暗中行走看不见道。

若是真的修道之人，会看不见世人的愚昧。

如果看见世人的是非，那是非却是自己出错。

他有错误我不会获罪，我要犯错就是自己有罪。

只要自己去掉是非之心，就能把烦恼打得粉碎。

　　若要化导愚昧之人，行为需要讲究方法。

　　不让破除对方的疑虑，就是菩提智慧的见地。

　　佛法本来就存在于世间，存在于世间和出世间。

　　不要离开世间本身，外面寻求什么出世间。

　　〔认为〕邪见在世间，正见在出世间。

　　邪正的分别要全部打掉……

　　这就是所谓的顿教，也称之为大乘。

　　迷误一来就要经历累累劫数，领悟之后却只在刹那之间。

【简注】

　　①邪正悉不用，清净至无余：错误的思想（邪）固然应该抛弃，正确的观念也不应该执着。只有这样，才能够真正获得解脱。

　　无余：原意是指小乘佛教主张的彻底解脱——无余依涅槃。大乘不主张无余依涅槃，惠能在此用以比喻彻底解脱。

　　②菩提本清净，起心即是妄：真如佛性超言绝相、清净无染、湛然圆满，同样不可执着。于真如佛性起言、起相、起执着，同样是一种错误的认识。

　　③三障：妨碍解脱的三种障碍。有多种说法，一般指烦恼障（贪嗔痴等烦恼）、业障（由身口意所造的不善业）、果报障（由烦恼及业引发的三世果报）。

　　本句意为：要想清除遮蔽真如的种种邪妄，只需要正确地祛除上述三障。

④色类自有道，离道别觅道：诸法均有自性，不可能抛开它们的自性，另去寻觅什么自性。如果那样，当然是徒劳的。所以下文说："觅道不见道，到头还自懊。"

⑤若见世间非，自非却是左：一个真正追求解脱的人，只努力于自己的解脱；而超脱于世间其他人与事的是与非。如果卷入世间的是与非，就是一种错误。

⑥他非我不罪，我非自有罪：其他人的错误不会成为我的罪过，不会妨碍我的解脱；而我自己的错误就会妨碍我的解脱。

这里主要强调每个人要为自己的行为负责，要想解脱也必须靠自己。

⑦勿离世间上，外求出世间：不要企图超离现实世界，到现实世界之外去寻求解脱。

⑧邪见在世间，正见出世间，邪正悉打却：此偈颂漏失最后五字，故语意有缺漏。校订者或据惠昕本补"菩提性宛然"，则语意可以完整。

本句意义与注①同。强调必须超越一切差别，才能得到最后的解脱。

三十八、结束归山

大师言："善知识！汝等尽诵取此偈[一]，依[二]偈修行，去惠能千里，常在能边。依[三]此不修，对面[四]千里[五]。各各自修，法不相待[六]。众人且散，惠能归漕溪山。众生若有大疑，来彼山间，为汝破疑，同见佛性[七]。"

合座官僚、道俗，礼拜和尚，无不嗟叹："善哉大悟，昔所未闻。岭南有福，生佛在此。谁能得知[八]。"一时尽散。

【校记】

〔一〕敦博本无"此偈"。

〔二〕敦博本"依"后有一"此"字。

〔三〕斯本、旅本无"依"字。

〔四〕敦博本"面"后有一"底"字。

〔五〕敦博本"里"后有一"远"字。

〔六〕待，斯本作"持"。

〔七〕性，斯本作"世"。

〔八〕知，斯本作"智"。

【今译】

大师说："善知识！你们都要念诵这首偈，照偈修行，即使距离惠能千里，如同常在惠能旁边。不照此偈修行，对面相隔千里。各人自己去修吧，佛法不相依赖。大家解散，惠能要回到漕溪山。众人若有大的疑惑，去那个山里，给你们破疑，一同见到佛性。"

在座所有的官吏、信道者和俗人，礼拜和尚，无不感叹："善哉大彻大悟，过去从未听说。岭南有福了，在此地竟然诞生佛陀，有谁知道。"一时间尽都解散。

三十九、遍传佛法

　　大师往〔一〕漕溪山①，韶、广二州行化四十余年。若论门人，僧之与俗，约有〔二〕三五千人〔三〕，说不可〔四〕尽。若论宗旨，传授《坛经》，以此为依〔五〕约。若不得《坛经》，即无禀受。须知法处、年月日、姓名，遍相付嘱。无《坛经》禀承，非南宗弟〔六〕子也②。未得禀承者，虽说顿教法，未知根本，修不免诤。但得法者，只劝修行。诤是胜负之心，与佛〔七〕道违背。

【校记】

〔一〕往，旅本作"住"，据斯本、博本改。

〔二〕斯本无"约有"二字。

〔三〕三五千人，敦博本作"三十五千"。

〔四〕斯本无"可"字。

〔五〕敦博本无"依"字。

〔六〕弟，斯本作"定"。

〔七〕斯本、旅本无"佛"字。

【今译】

大师去往漕溪山，〔在〕韶、广二州进行教化四十多年。若论门人，包括出家僧人和世俗门人，约有三五千人，实际还不只此数。若论宗旨，就是传授《坛经》，以此作为依据和约束。如果没有得到《坛经》，就不算禀受。必须知道该人修法之处、得法年月日、姓名，普遍给予嘱咐。没有《坛经》禀承，就不是南宗弟子。没有得到禀承的，虽然也讲说顿教佛法，未能知道根本，修行难免争论。只要得到传法，就只劝他们修行。争论是有胜负之心，和佛道违背。

【简注】

①大师往漕溪山：旅本作"大师住漕溪山"。"大师住漕溪山，韶、广二州……"亦可通，但没有说明惠能说法后去了何处，故"住"不如"往"。过去的校本此处标点多作"住（往）漕溪山、韶、广二州行化……"，有人提出，漕溪山不当与韶、广二州并列，应标点作"住漕溪山，韶、广二州行化……"（张伟然《读敦煌〈坛经〉札记四条》，载新浪博客，http://blog.sina.com.cn/zahua），是正确的，但不如"往漕溪山"意思完整。

②无《坛经》禀承，非南宗弟子也：禅宗传说，自达摩起，

以摩纳袈裟作为传法的信物。惠能得到袈裟后，止而不传。关于该摩纳袈裟的传承经过及下落，有种种说法，此不具述。

按照敦煌本《坛经》的上述说法，六祖以后，以《坛经》作为传法的信物，师徒相授。并要记载得法的地点、日期、姓名等等。如果没有《坛经》作为信物，就不算南宗的弟子。

由于敦煌本《坛经》是神会系的传本，因此可以相信在神会系中，曾经实行过这样的传法仪轨。但上述传法仪轨，是惠能逝世后曾在诸弟子中普遍实行，而后弛废，仅神会系仍在执行，还是系神会的首创，其他系弟子未曾实行过，这个问题还要研究。

四十、南北之分

　　世人尽传南宗能北〔一〕秀，未知根本事由。且秀禅师于南荆府当阳县〔二〕玉泉寺住持修行，惠能大师于韶州城东三十五里漕溪山住。法即一宗，人有南北，因此便立南北。何以渐顿法即一种？见有迟疾。见迟即渐，见疾即顿。法无渐顿〔三〕，人有利钝，故名渐顿①。

【校记】

　　〔一〕北，原文作"比"，原文北、比二字多混用。

　　〔二〕当阳县，旅本、斯本作"堂阳县"，敦博本作"堂杨悬"，诸校本皆作"当阳县"，从之。

　　〔三〕渐顿，敦博本作"顿渐"。

【今译】

　　世人都传着南宗能和北宗秀，却不知道事情的根本缘由。况

且神秀禅师在南荆州府当阳县玉泉寺住持修行，惠能大师在韶州
城东三十五里漕溪山居住。佛法就是一宗，只是人有南北，因此
便出现了南北之分。为什么说渐法顿法就是一种？因为领悟有慢
有快。领悟慢的就是渐法，领悟快的就是顿法。佛法本身没有渐
顿之分，人有利根和钝根，所以才有渐法、顿法的名称。

【简注】

①法无渐顿，人有利钝，故名渐顿：世以"南顿北渐"作
为区别惠能与神秀禅法的标志。关于这一点，惠能自己有较为明
确的论述。他认为就佛法本身而言，他所传述的与神秀是一致
的，没有区别。所谓"南宗"、"北宗"，只是因为他在南方，神
秀在北方，因此按照地域的区别而起名称，并非所传佛法有什么
不同。至于顿渐，只是讲见道的快与慢。见道快为顿，见道慢为
渐。快慢虽有不同，见道还是一致的。为什么见道会有快慢的不
同？那是因为人的根机不同。利根人见道快，为顿；钝根人见道
慢，为渐。

总之，惠能固然称扬自己的禅法是见道快的顿教，但也不排
斥渐教。无论顿渐，只是方法。目的是一致的，并且都能达到解
脱的目的。

四十一、志诚偷法

　　神秀师常见人说，惠能法疾，直旨见[一]路。秀师遂唤门人僧志诚曰："汝聪明多智。汝与吾至漕溪山，到惠能所礼拜，但听，莫言吾使汝来，所听得意旨记取，却来与吾说。看惠能见解，与吾谁疾迟。汝第一早来，勿令吾怪。"

　　志诚奉使欢喜，遂行[二]。半月中间，即至漕溪山，见惠能和尚礼拜，即听，不言来处。志诚闻法，言下便悟，即契[三]本心。起立，即礼拜，白言："和尚，弟子从玉泉寺来，秀师处不得契悟。闻和尚说，便契本心。和尚慈悲，愿当教示。"

　　惠能大师曰："汝从彼来，应是细作。"

　　志诚曰："不是。"

　　六祖曰："何以不是？"[四]

　　志诚曰："未说时即是，说了即不[五]是。"

六祖言：“烦恼即是菩提，亦复如是。”

【校记】

〔一〕斯本无“见”字。

〔二〕斯本、旅本无“行”字。

〔三〕契，敦博本作“启”，本章下同。

〔四〕斯本无“志诚曰不是六祖曰何以不是”十二字。

〔五〕斯本无“不”字。

【今译】

　　神秀禅师常听人说，惠能的方法快捷，宗旨直接可见道路。秀师于是唤门人志诚说道：“你聪明多智。你给我到漕溪山，到惠能那里礼拜，只听，不要说是我派你去的，把你所听到的意思记下，回来告诉我说。看惠能的见解，和我的谁快谁慢。你一定要早点回来，不要让我怪罪。”

　　志诚接受使命欢喜，于是出发。半月之间，就到了漕溪山，见到惠能和尚礼拜，然后就听说法，不说来自何处。志诚听惠能说法，立刻领悟，当即契合本心。马上起立，礼拜，禀告说：“和尚，弟子从玉泉寺来，在秀师那里不能得到契悟。听和尚说法，立刻就契合本心。和尚慈悲，请给教诲。”

　　惠能大师说：“你从那里来，应当是奸细。”

　　志诚说：“不是。”

　　六祖说：“为什么不是？”

志诚说："未说时就是，说了就不是。"

六祖说："烦恼就是菩提，也是这个样子。"

四十二、南北戒定慧

大师谓志诚曰：“吾闻汝^[一]禅师教人，唯传戒定慧。汝^[二]和尚教人戒定慧如何？当为吾说。”

志诚曰：“秀和尚言戒定慧，诸恶不作名为戒，诸善奉行名为慧，自净其意名为定。此即名为戒定慧。彼作如是说，不知和尚所见如何？”

惠能和尚答曰：“此说不可思议，惠能所见又别。”

志诚问何以别，惠能答曰：“见有迟疾。”

志诚请和尚说所见戒定慧。

大师言：“如汝听吾说，看吾所见处。心地无疑非，自性戒；心地无乱，是自性定；心地无痴，是自性慧。”^[三]

能^[四]大师言：“汝师^[五]戒定慧，劝小根智^[六]人；吾戒定慧，劝上智^[七]人。得悟，自亦不立戒定慧^①。”

志诚言：“请大师说不立如何。”

大师言："自性无非、无乱、无痴，念念般若观照，当离法[八]相，有何可立！自性顿修，立有渐次，所[九]以不立。"

志诚礼拜。便不离漕溪山，即为门[一○]人，不离大师左右。

【校记】

〔一〕汝，斯本作"与"。

〔二〕汝，斯本作"与"。

〔三〕是自性慧，斯本作"自性是慧"。

〔四〕能，敦博本无，旅本作"惠"。

〔五〕斯本无"师"字。

〔六〕智，斯本作"诸"。

〔七〕斯本无"智"字。

〔八〕敦博本"法"后有一"照"字。

〔九〕所，斯本作"契"。

〔一○〕敦博本无"门"字。

【今译】

大师对志诚说："我听说你家禅师教人，只传授戒定慧。你家和尚戒定慧什么意思？给我说说。"

志诚说："秀和尚说戒定慧，诸恶不作叫做戒，诸善奉行叫做慧，自净其意叫做定。这就叫做戒定慧。他是这么说的，不知和尚您见解如何？"

惠能和尚回答道："这种说法不可思议，惠能所见又有区别。"

志诚问有什么区别，惠能回答："见解有慢有快。"

志诚请惠能和尚说说他对戒定慧的见解。

大师说："你且听我说，看我的见解是什么。心地没有怀疑和是非，是自性戒；心地没有杂念，是自性定；心地没有愚痴，是自性慧。"

惠能大师继续说："你师父的戒定慧，劝小根的智者；我的戒定慧，对上等的智者。领悟以后，自然也就不必建立什么戒定慧。"

志诚说："请大师讲讲不建立是什么样。"

大师说："自己本性没有是非、没有杂念、没有愚痴，一个念头接着一个念头都是般若观照，那就是脱离了法相，有什么可建立的！自己本性用顿法修练，树立后就有了渐进次序，所以不建立。"

志诚礼拜。就不离开漕溪山，成了惠能的弟子，不离大师的左右。

【简注】

①得悟，自亦不立戒定慧：据说释迦牟尼的大弟子阿难曾经以"诸恶不作，诸善奉行，自净其意，是诸佛教"这一偈颂来表示佛教的基本立场。神秀将该偈颂的前三句与戒定慧相配，体现其渐修的特点。惠能则针锋相对地提出自性戒、自性定、自性慧的概念，表现出直截了当地在自性上下工夫的南宗特色。惠能又指出，对于真正解脱的人来说，根本不再需要设立戒定慧这样的

修习阶梯。因为对于一个已经证悟了自性的人来说，念念都是般若观照，已经达到无念、无住、无相。此外，从根本上讲，戒定慧这样的渐修阶梯，对于从事自性顿修的人来说是不必要的。

四十三、与法达转法华

又有〔一〕一僧名法达，常〔二〕诵《妙法莲华经》〔三〕，七年，心迷不知正法之处。来至漕溪山礼拜，问大师言："弟子常诵《妙法华经》七年，心迷不知正法之处〔四〕，经上有疑〔五〕。大师智慧广大，愿为除〔六〕疑。"

大师言："法达，法即甚达，汝心不达；经上无疑〔七〕，汝心自邪，而求正法。吾心正定，即是持经。吾一生以来，不识文字。汝将《法华经》来，对吾读一遍，吾闻即知。"

法达取经到〔八〕，对大师读一遍。六祖闻已，即识佛意，便与〔九〕法达说《法华经》。六祖言："法达，《法华经》无多语，七卷尽是譬喻〔一〇〕因缘。如来广说三乘，只为世人根钝。经文分明，无有余乘，唯有〔一一〕一佛乘。"

大师："法达，汝听一佛乘，莫求二佛乘，迷〔一二〕却汝性〔一三〕。经中何处是一佛乘？吾与汝说〔一四〕。经云：'诸佛世尊，唯以〔一五〕一大事因缘故，出现于世。'已上十六字是正法。

"法如何解？此法如何修？汝听吾说。人心不思本源空寂，离却邪见，即一大事〔一六〕因缘。内外不迷，即离两边。外迷看〔一七〕相，内迷著空。于相离相，于空离空，即是不〔一八〕迷。若悟〔一九〕此法，一念心开，出现于世。心开何物？开佛知见。佛犹〔二〇〕觉也，分为四门：开觉知见，示觉知见〔二一〕，悟觉知见，入觉知见。开、示、悟、入，上一处入，即觉知见，见自本性，即得出世。"

大师言："法达！吾常愿一切世人，心地常自开佛知见，莫开众生知见。世人心愚迷造恶，自开众生知见。世人心正，起智慧观照，自开佛知见。莫开众生知见。开佛知见，即出世。"

大师言："法达！此是〔二二〕《法华经》〔二三〕一乘法。向下分三，为迷人故。汝但依〔二四〕一佛乘。"

大师言："法达！心行转《法华》，不行《法华》转。心正转《法华》，心邪《法华》转。开佛知见转《法华》，开众生知见被《法华》转①。"

大师言："努力依法修行，即是转经。"

法达一〔二五〕闻，言下大悟。涕泪悲泣，白言："和尚！实未曾转《法华》，七年被《法华》转，已后转《法华》，念念修行佛行。"

大师言："即佛行是佛。"其时听人，无不悟者。

【校记】

〔一〕敦博本无"有"字。

〔二〕常，敦博本作"当"。

〔三〕《妙法莲华经》，斯本作"《法华经》"。

〔四〕斯本无"来至……之处"二十九字。

〔五〕疑，敦博本作"痴"。

〔六〕除，斯本作"时"。

〔七〕疑，敦博本、斯本均作"痴"。

〔八〕敦博本无"到"字。

〔九〕与，斯本作"汝"，敦博本作"已"。

〔一〇〕喻，敦博本作"如"。

〔一一〕斯本、旅本无"有"字。

〔一二〕敦博本"迷"后有一"即"字。

〔一三〕性，斯本作"圣"。

〔一四〕吾与汝说，斯本作"汝与说"。

〔一五〕以，斯本作"汝"。

〔一六〕事，斯本作"是"。

〔一七〕看，敦博本作"著"。

〔一八〕斯本"不"后有一"空"字。

〔一九〕若悟，斯本作"吾"，敦博本作"若吾"。

〔二〇〕斯本"犹"后有一"如"字。

〔二一〕敦博本无"示觉知见"四字。

〔二二〕是，敦博本作"事"。

〔二三〕《法华经》，敦博本、斯本俱作"《法达经》"，显系笔误。

〔二四〕依，斯本作"于"。

〔二五〕敦博本无"一"字。

【今译】

又有一位僧人名叫法达，经常诵念《妙法莲华经》，历经七年，心中迷惑不知正法在什么地方。来到漕溪山礼拜，问大师道："弟子经常念诵《妙法莲华经》，七年了，心中迷惑不知正法在什么地方，对经文有所疑惑。大师智慧广大，请为我解除疑惑。"

大师说："法达，佛法甚是通达，你的心却不通达；经上没有可疑的，你的心自有不正之处，却要求取正法。我的心正直安定，就是念诵经典。我一生以来，不认识文字。你把《法华经》拿来，对我读一遍，我听了就知道。"

法达取来《法华经》，对大师读了一遍。六祖听完，就领会了佛的意思，于是就给法达讲《法华经》。六祖说："法达，《法华经》没有很多话，七卷都是用譬喻讲因缘。如来广征博引解说三乘，只为世人根器迟钝。经文分明，没有其他可乘，只有一佛乘。"

大师说："法达，你听一佛乘，不要希求二佛乘，迷惑了你的本性。经中什么地方是一佛乘？我对你说。经文说：'诸佛世尊，唯以一大事因缘故，出现于世。'（以上十六个字是正法。）

　　"这里说的佛法如何解释？这样的佛法又如何修行？你听我说。人心不去思考本源空寂的问题，离开邪迷见解，就是一件大事因缘。内外不迷误，就能脱离两边。迷误在外关注相，迷误在内关注空。在相能离开相，在空能离开空，就是不迷误。若能领悟这个方法，一个念头心就开窍，出现在世间。心开启什么？开启佛的知见。佛，就是觉悟，分为四类：开启觉悟知见，显示觉悟知见，领悟觉悟知见，进入觉悟知见。开、示、悟、入，都入于一处，就是觉悟知见，见自己本性，就可以出世成佛。"

　　大师说："法达！我常愿一切世人，心地经常自己开启佛的知见，不要开启众生的知见。世人的心如果愚迷造恶，自己开启的就是众生知见。世人心思端正，起用智慧观照，自己开启的就是佛的知见。不要开启众生知见。开启佛的知见，就能够出世成佛。"

　　大师说："法达！这就是《法华经》的一乘佛法。向下又分为三种，因为有迷误人的缘故。你只要依照一佛乘。"

　　大师说："法达！心灵运行就转化《法华》，不运行就被《法华》扭转。心思端正就转化《法华》，心思歪邪就被《法华》扭转。开启佛的知见就转化《法华》，开启众生知见就被《法华》扭转。"

　　大师说："努力依法修行，就是转化经典。"

　　法达一听，立刻深刻领悟。悲哀哭泣，涕泪交流，禀告说："和尚！我确实未曾转化《法华》，七年来尽被《法华》扭转，以后要转化《法华》，念念都要修行佛的言行。"

大师说："佛的言行就是佛。"这时听讲的人，没有不领悟的。

【简注】

①开佛知见转《法华》，开众生知见被《法华》转：转经，即阅读佛经。转经有两种：一种为了做功德，并不讲究追索经中义理；一种为了得解脱，则希求掌握经中奥义。法达显然是后者。但惠能认为，这里首先有一个读经人自己的立场问题，他把这个问题归结为"开佛知见"与"开众生知见"两种。所谓开佛知见，就需要内外不迷于相。外不迷相就是要不被佛经的表面名相所拘泥，内不迷相就是不要著空，即不要执着于解脱之相。这样才能做到开、示、悟、入，得到解脱。所谓开众生知见，惠能没有详细解释，但根据"世人心愚迷造恶"、心"不行"等提法，则似指不能把转经与自证心性联系起来，照样处在"愚迷造恶"的心理状态。

惠能认为，由上述两种不同的立场，出现两种不同的转经效果：一种是转经，一种是经转。主动式的转经，即以我主体，以经证我；被动式的经转，即以经为主体，拘泥于经文而不得解脱。

此段文字反映了惠能对待传统佛教经典的态度。

四十四、智常和神会

时有一僧名智常，来漕溪山礼拜和尚，问四乘法义。智常问和尚曰："佛说三乘，又言最上乘。弟子不解，望为教示。"

惠能大师曰："汝自身心见，莫著外法相。元无四乘法，人心〔一〕量四等，法有四乘。见闻读诵是小乘，悟解义是中乘，依法修行是大乘。万法尽通，万行俱备，一切不〔二〕离染〔三〕，但离法相，作无所得，是最上乘①。最上乘〔四〕是最上行义，不在口诤。汝须自修，莫问吾也。"

又有一僧名神会，南阳人也。至漕溪山礼拜，问言："和尚坐禅〔五〕，见〔六〕不见？"

大师起，把〔七〕打神会三下，却问神会："吾打汝，痛不痛？"

神会答言："亦痛亦不痛。"

六祖言曰："吾亦见亦不见。"

神会又问大师："何以亦见亦不见？"

大师言："吾亦见，常见自过患，故云亦见。亦不见者，不见天地人过罪，所以亦见亦不见〔八〕②也。汝亦痛亦不痛如何？"

神会答曰："若不痛，即同无情木石；若痛，即同凡，即起于恨。"

大师言："神会向前。见不见是两边，痛不痛〔九〕是生灭。汝自性且不见，敢来弄人！"

神会〔一〇〕礼拜礼拜，更不言。

大师言："汝心迷不见，问善知识觅路。汝心悟自见，依法修行。汝自迷不见自心，却来问惠能见否？吾不自知，代汝迷不得。汝若自见，代得吾迷？何不自修〔一一〕，问吾见否！"

神会作礼，便为门人，不离漕溪山中，常在左右。

【校记】

〔一〕斯本"人心"后有一"不"字。

〔二〕不，斯本作"无"。

〔三〕斯本无"染"字。

〔四〕最上乘，原文是上句"乘"下加一重复符号，可理解为重复"最上乘"一词，非独重复"乘"字。

〔五〕坐禅，斯本作"禅坐（座）"。

〔六〕斯本"见"后有一"亦"字。

〔七〕把，敦博本作"犯"。

〔八〕斯本无此"见"字。

〔九〕斯本、旅本无"不痛"二字。

〔一〇〕斯本无"神会"二字。

〔一一〕敦博本"何不自修"后衍"见否吾不自知"六字。

【今译】

当时有一个僧人名叫智常，来漕溪山礼拜和尚，问四乘佛法大义。智常问和尚道："佛说三乘，又说最上乘。弟子不理解，请给解释。"

惠能大师说："你要从自己的身心理解，不要止滞外面的法相。本来没有所谓四乘佛法，人心的含量有四等，法才有四乘。耳听目看读经诵经是小乘，领悟理解大义是中乘，依照佛法修行是大乘。万法全部精通，万行全部具备，一切不离沾染，只是远离法相，行动无所获得，是最上乘。最上乘是最高行为的意思，不在口舌争辩。你要自己修持，不要询问于我。"

又有一个僧人名叫神会，南阳人。到漕溪山礼拜，问道："和尚坐禅，见，还是没见？"

大师起身，抓住神会打了三下，并且问神会："我打你，痛，还是不痛？"

神会回答说："也痛也不痛。"

六祖说道："我也见，也不见。"

神会又问大师："也见也不见是什么意思？"

大师说："我也见，常看见自己的过错和毛病，所以说是也见。也不见，是说不见天地人的过错和罪恶，所以是也见也不见。你也痛也不痛是什么意思？"

神会答道："如果说不痛，那就和无情的木头石块相同；如果说痛，那就和凡夫俗子一样，就会产生仇恨。"

大师说："神会到前面来。见与不见是两边，痛与不痛是生灭。你自己本性还没有见到，就敢来捉弄别人！"

神会礼拜了又礼拜，再不说话。

大师说："你心迷误不能见到本性，询问善知识找路。你心领悟自己见到本性，就依方法修行。你自己迷误不见自己的心，却来问惠能见还是不见？假如吾不能自知，也不能代替你的迷误。你若能够自己见到本性，又怎么能够代替我的迷误？为什么不自己修行，却来问我见到没有！"

神会行礼，便做了门人，不离漕溪山中，经常事奉在左右。

【简注】

①万法尽通，万行俱备，一切不离染，但离法相，作无所得，是最上乘：惠能主张证悟自性就是真如法性，由此解脱。但他反对脱离社会与世俗的事务而闭目塞听地从事修持，要求人们在日常生活中正常运作，而又不受日常生活一切事物的束缚。所谓于念无念、于相离相。"万法尽通，万行俱备"，讲的是证悟真

如法性后达到的境界。"一切不离染"，即要求不要脱离现实社会。"但离法相"，即于念无念、于相无相。这样，无论什么行为都不会引发果报。这也就是惠能推崇的最上乘。

　　②亦见亦不见：神会问惠能有何见境。惠能回答见自己的不足，其他什么也不见。关于这一点，参见三十七章《无相颂》注⑤、⑥。

　　语言的表述总是有限制的。惠能的"亦见亦不见"字面上虽说见自不见他，实际上涵盖了自他双方，离两边而行中道，于念无念，于相无相。

四十五、付法总说

　　大师遂唤门人法海、志诚、法达、智常、智〔一〕通、志彻、志道、法珍、法如、神会。大师言："汝等十弟子近前。汝等不同余人。吾灭度后，汝各为一方师〔二〕，吾教汝说法〔三〕，不失本宗。举三〔四〕科法门，动三十六对，出没即离两边。说一切法，莫离于性相。若有人问法，出语尽双，皆取法对，来去相因，究竟二法尽除，更无去处①。

　　"三科法门者，荫、界、入。荫是五荫；界，十八界；入〔五〕，十二入。何名五荫？色荫、受荫、想荫、行荫、识荫是。何名十八界？六尘、六门、六识。何名十二入？外六尘、中六门。何名六尘？色声香味触法是。何名六门？眼耳鼻舌身意是。法性起六识：眼识、耳识、鼻识、舌识、身识、意识，六门、六尘。自性含万法，名为含〔六〕藏识。思量即转识。生六识，出六门、六尘，是〔七〕三六十八。由自性邪，起十八邪。含自

性，十八正。合〔八〕恶用即众生，善用即佛。用由何等？由自
性。"

【校记】

〔一〕智，斯本作"志"。

〔二〕师，斯本作"头"。

〔三〕敦博本无"法"字。

〔四〕斯本无"三"字。

〔五〕入，斯本、旅本作"是"。

〔六〕含，敦博本作"合"。

〔七〕敦博本无"是"字。

〔八〕合，斯本作"含"。

【今译】

大师于是唤来门人法海、志诚、法达、智常、智通、志彻、
志道、法珍、法如、神会。大师说："你们十个弟子到跟前来。
你们不同别人。我灭度以后，你们各作一方的导师，我教你们说
法，不偏离我们宗旨。我举出三科法门，动用三十六对，开口闭
口都要离开是与不是两边。无论讲说佛法哪一部分，都不要离开
本性和法相。如果有人询问佛法，出口就语意双关，概念都要
成对，来去互相借助，最后双方全部排除，总不给出一个肯定结
果。

"三科法门，就是荫、界、入。荫是五荫；界，有十八界；

入，十二入。什么叫五荫？色荫、受荫、想荫、行荫、识荫就是。什么是十八界？六尘、六门、六识。什么是十二入？外六尘、中六门。什么是六尘？就是色声香味触法。什么是六门？就是眼耳鼻舌身意。从法性产生六识：眼识、耳识、鼻识、舌识、身识、意识，六门、六尘。自己本性包含一切存在，叫做含藏识。〔含藏识〕思量就转化为识。产生六识，又生出六门，六尘，总共三六一十八。由于自己本性歪邪，就产生十八邪。自性若是仅仅含藏，十八界就会都正。〔十八界〕合乎恶用就是众生，合乎善用就是成佛。用根据什么？根据自性。"

【简注】

①究竟二法尽除，更无去处：真如佛性万法尽通，万行俱备。证悟了佛法的人言行举动自然冥符这一点。惠能教导弟子以三十六对说法、答问，是力求将一切矛盾对立的双方都涵括在出语中。世界是矛盾对立的统一体，将一切矛盾的双方涵括无余，也就将世间乃至出世间全部涵括，达到万法尽通、万行俱备的境地。

"更无去处"，字面意思是"再没有地方可去"，亦即"没有一个肯定结果"，使问法者再也不可能提出什么。

四十六、三十六对法

"对。外境无情对〔一〕有五：天与地对，日与月对，暗与明对，阴与阳对，水与火对。

"语与言对、法与相对有十二对：有为无为对〔二〕，有色无色对，有相无相对，有漏无漏对，色与空对，动与静对，清与浊对，凡与圣对，僧与俗对，老与少〔三〕对〔四〕，长与短对，高与下对。

"自性居起用对有十九对：邪与正对，痴与慧对，愚与智对，乱与定对，戒与非对，直与曲对，实与虚对，崄与平对，烦恼与〔五〕菩提对，慈与害〔六〕对，喜与嗔〔七〕对，舍与悭对，进与退对，生与灭对，常与无常对，法身与色身对，化身与报身对，体与用对，性与相对〔八〕，有情与无亲〔九〕对〔一〇〕。

"言语与法相对〔一一〕有十二对，内外境有无五对，三身有三对，都合成三十六对〔一二〕也①。

　　"此三十六对法，解^{〔一三〕}用通一切经，出入即离两边。如何自性起用三十六对？共人言语，出外于离相^{〔一四〕}，入内于空^{〔一五〕}离空。著空，则^{〔一六〕}唯长无明；著相，唯邪见谤法。直言不用文字，既云不用文字，人不合言语，言语即是文字。自性上说空，正语言本性不空。迷自惑，语言除故^②。暗不自暗，以明故暗；暗不自暗，以明变暗。以暗显^{〔一七〕}明，来去相因。三十六对，亦复如是。"

【校记】

〔一〕敦博本无"对"字。

〔二〕斯本无"对"字。

〔三〕少，敦博本作"小"。

〔四〕斯本、旅本此下有"大大与少少对"六字。

〔五〕旅本无"与"字。

〔六〕害，斯本笔误作"空"。

〔七〕嗅，旅本作"顺"。

〔八〕斯本无"对"字。

〔九〕亲，邓本改为"情"。

〔一〇〕以上实为二十对。

〔一一〕斯本无"对"字。

〔一二〕斯本"对"后有一"法"字。

〔一三〕解，敦博本作"能"。

〔一四〕出外于离相，铃、郭、杨、邓本改作"出外于相离相"。

〔一五〕敦博本无"空"字。

〔一六〕则，斯本作"即"。

〔一七〕显，旅本作"现"。

【今译】

"对。外境无情之物有五对：天与地对，日与月对，暗与明对，阴与阳对，水与火对。

"语与言对、法与相对有十二对：有为无为对，有色无色对，有相无相对，有漏无漏对，色与空对，动与静对，清与浊对，凡与圣对，僧与俗对，老与少对，长与短对，高与下对。

"包含于自己本性之中届时兴起作用的有十九对：邪与正对，痴与慧对，愚与智对，乱与定对，戒与非对，直与曲对，实与虚对，崄与平对，烦恼与菩提对，慈与害对，喜与嗔对，舍与悭对，进与退对，生与灭对，常与无常对，法身与色身对，化身与报身对，体与用对，性与相对，有情与无亲对。

"言语与法相对有十二对，内外境有无五对，三身有三对，总合成三十六对。

"这三十六对法，懂得应用就能通贯一切佛经，开口闭口都离开是与不是两边。什么是自己本性届时兴起作用三十六对？和人谈话，谈外境，要谈相离相；谈内心，要谈空离空。止滞于空，只能增加愚蠢；止滞于相，一定出谤法邪见。只说不用文字，既然说不用文字，人就不该说话，言语就是文字。自己本性上说空，正是因为语言本性不空。自己迷误疑惑，语言可以消除。黑暗不是自己黑暗，而是因为光明才有黑暗；黑暗不是自己黑暗，因为光明它才变成黑暗。用黑暗显示光明，翻来复去互相借助。三十六对，也都是如此。"

【简注】

①言语与法相对有十二对，内外境有无五对，三身有三对，都合成三十六对也："言语与法相对"，即前"语与言对、法与相对"。"三十六对"，实应为三十七对，按此段则只能"合成"二十对。

②既云不用文字，人不合言语，言语即是文字。自性上说空，正语言本性不空。迷自惑，语言除故：禅宗标榜"不立文字"，惠能在此强调不能拘泥这一点，并阐述了语言在证道中的作用。

惠能指出，如果说真的不用文字，那么人就不应讲话。因为语言就是由词汇按照一定的法则组成的表达思想的工具，与文字本质相同。一方面要从自性上承认语言是空，另一方面也要看到在"本性"上语言不空。这种不空，就反映在它能够驱除迷人的惑妄。

"本性"，在《坛经》中屡屡出现，大体有两种说法：一种与

自性、佛性等同，另一种则指一种天然的本能、性能。如第十七
章的"为人本性，念念不住"。此处将"本性"与"自性"对论，
是后一种用法。指一定的语言表述了一定的意思，在性能上是不
空的。

　　禅宗主张不立文字，最根本的原因是因为真如法性是无法用
语言来表述的。但是，为了传播佛教，必须借助某种方式以表述
之。所以无法表述与表述也是一对对立的存在。对立的存在都有
其合理性，如下文惠能指出的"暗不自暗，以明故暗"。同理，
明不自明，以暗故明。所以，惠能提出可以"以暗显明"。由此，
我们可以理解惠能何以反对片面排斥语言的作用。

四十七、须传《坛经》

大师言："十弟子，已后传法，递相教授一卷《坛经》，不失本宗。不禀受《坛经》，非我宗旨。如今得了，递代流行。得遇《坛经》者，如见吾亲授①。"

十僧得教授已，写为《坛经》，递代流行，得者必当见性。

【今译】

大师说："十弟子，以后传法，层层传授一卷《坛经》，不丢失本宗宗旨。不禀受《坛经》，不是我的宗旨。如今你们得到了，要代代流传。能够遇到《坛经》的，就像亲自听我传授。"

十位高僧得到教诲传授完毕，写成《坛经》，代代流传，得到者，必然见到本性。

【简注】

①参见三十九章《遍传佛法》注②。

四十八、临终告别

　　大师〔一〕先天二年八月三日灭度〔二〕。七月八日，唤门人告别。

　　大师先〔三〕天元年于韶〔四〕州国恩寺造塔，至先天二年七月告别。大师言："汝众近前，吾至八月欲离世间，汝等有疑早问，为汝破疑，当令〔五〕迷者尽，使汝〔六〕安乐。吾若去后，无人教汝。"

　　法海等众僧闻已，涕泪悲泣，唯有神会不动，亦不悲泣。六祖言："神会小僧，却得善等，毁誉不动，余者不得。数年山中，更修何道？汝今悲泣！更有阿谁，忧吾不知去处在？若不知去处，终不别汝。汝等悲泣，即不知吾去〔七〕处。若知去处，即不悲泣①。性无生无〔八〕灭，无去无来②。汝等尽坐，吾与汝一偈：《真假动静偈》。汝等尽诵取，见此偈意，与〔九〕吾同。依〔一〇〕此修行，不失宗旨。"僧众礼拜，请大师留偈，敬心受持。偈曰：

> 一切无有真，不以见于真。
>
> 若见于真者，是见尽非真。
>
> 若能自有真，离假即心真。
>
> 自心不离假，无真何处真。
>
> 有性即解动，无性即不动[一]。
>
> 若修不动行，同无情不动。
>
> 若见真不动，动上有不动。
>
> 不动是不动，无情无佛种。
>
> 能善分别相，第一义不动③。
>
> 若悟作此见，则是真如用。
>
> 报诸学道者，努力须用意。
>
> 莫于大乘门，却执生死智。
>
> 前头人相应，即共论佛义[一二]。
>
> 若实不相应，合掌令[一三]劝善④。
>
> 此教本无诤[一四]，若[一五]诤[一六]失道意。
>
> 执迷诤[一七]法门，自性入生死。

【校记】

〔一〕敦博本无"师"字。

〔二〕敦博本无"灭度"二字。

〔三〕斯本无"先"字。

〔四〕铃、郭、杨、邓校本均改"鄟"作"新"。

〔五〕令，敦博本作"今"。

〔六〕汝，斯本作"与"。

〔七〕斯本无"去"字。

〔八〕敦博本无"无"字。

〔九〕与，斯本作"汝"。

〔一〇〕依，斯本作"于"。

〔一一〕无性即不动，敦博本作"无情即无动"。

〔一二〕义，斯本作"语"。

〔一三〕令，敦博本作"礼"。

〔一四〕诤，敦博本作"净"。

〔一五〕若，斯本作"无"。

〔一六〕诤，敦博本作"道"。

〔一七〕诤，敦博本作"净"。

【今译】

大师于先天二年八月三日灭度。七月八日，和门人告别。

大师先天元年在鄟（新）州国恩寺造塔，到先天二年七月告别。大师说："你们到跟前来。我到八月要离开世间，你们有疑惑早点发问，给你们破除疑惑，会让迷误完全消失，使你们安乐。假如我去了，就无人再教导你们。"

法海等众位僧人听后，悲哀哭泣，涕泪交流，只有神会声色不动，也不悲哀哭泣。六祖说："神会小僧，倒是得了真传，毁誉不动于心，别人都不行。这些年在山中，都修的什么道？你们现在还悲哀哭泣！还有那谁，害怕我不知要到什么去处？如果不知道我的去处，我就总不离开你们。你们悲哀哭泣，就是不知道我的去处。如果知道去处，就不会悲哀哭泣。本性无生无灭，无去无来。你们都坐下，我给你们说一偈：《真假动静偈》。你们都要诵念记取，看到此偈的意思，就和见我一样。依照这偈修行，就不会背离宗旨。"僧众礼拜，请大师留偈，恭恭敬敬地接受保持。偈文是：

　　一切都没有个真，不因见真就是真。

　　认为看见就是真，看见的就都不真。

　　若能自己拥有真，离开假的就心真。

　　自己心灵不离假，无真何处能有真。

　　有性命的就会动，没有性命就不动。

　　如果修炼不动功，木头石块相等同。

　　若问何为真不动，动中才有真不动。

　　不会动的才不动，无情之物无佛种。

　　善于分别动不动，才是最高真不动。

　　若能悟得此道理，就是真如起作用。

　　告诉一切学道者，努力学习要用心。

　　别在大乘门前头，耍弄生死小聪明。

　　面前之人若响应，即可共论佛法义。

如果实在不响应，合掌劝善就可以。

这个教门无争辩，争辩就会失道意。

坚持迷误争论法，一定生死轮回去。

【简注】

①汝今悲泣！更有阿谁，忧吾不知去处在？若不知去处，终不别汝。汝等悲泣，即不知吾去处。若知去处，即不悲泣："更有阿谁"之"有"，诸校本或据惠昕本校订为"忧"。

就佛教而言，惠能已经证悟了真如佛性，他之离开人间，自然是从此断绝生死轮回，进入涅槃。这是一件喜事，弟子们应该高兴，不应悲泣。如果说是因失去导师而悲泣，则讲法，有《坛经》在，惠能早就宣布"得遇《坛经》者，如见吾亲授"；讲修持，则要靠自己进行，由此也不应该悲泣。如果知道惠能将涅槃，但因拘于世情而悲泣，则说明修持不够，还未能摆脱世俗的情感。如果因为不清楚惠能是否能够涅槃，因而悲泣，自然更加不应该。无论如何，弟子的悲泣，都说明他们还没有摆脱三障。所以惠能批评他们："数年山中，更修何道！"

惠能宣布：我如果不知道自己将到哪里去，是不会与你们告别的。表明了充分自信。

②性无生无灭，无去无来：真如佛性是无生无灭，无去无来的。惠能在此是讲自己将达到无生无灭，无去无来的境地。

③能善分别相，第一义不动：以上几句偈颂是就生死而论述

动与不动。

"有性即解动"，意为一切因缘和合法，自性为空，法则流通。流通就是动，就有生有死。"无性即不动"，意为只有那些无自性的东西才会不动，即不流通，不死。"若修不动行，同无情不动"，意为如果想要不死，那就与无生命的事物一样了。但是世界上哪里有没有自性的事物呢？即使是无生命的事物，又哪里能够永远保持原样不变呢？所以，所谓的"不动"，实际都是假的。由此惠能提出"真不动"这一概念。所谓真不动，就是"动上有不动"，也就是动与不动的统一。而如果把不动看作是绝对的"不动"，实际是一种断绝佛性的错误观念。由此，惠能最后的结论是："能善分别相，第一义不动。"亦即能够正确地区别、认识、把握上述动与不动、假不动与真不动的真谛，才算真正掌握了最高的不动。

④前头人相应，即共论佛义。若实不相应，合掌令劝善：佛教从来讲究对机说法，禅宗尤其讲究根机。惠能这几句偈颂的意思是：面对与你谈论佛法的人，如果根机相应，你就与他一起谈论佛法的微妙深义。如果根机不相应，那也不必去与他争论，因为一旦争论，就会丧失佛教的真义，使自己堕入生死轮回。你只要合掌向他致敬，劝他行善就可以了。

四十九、传衣付法颂

　　众僧既闻，识大师意，更不敢诤，依法修行。一时礼拜，即知〔一〕大师不久〔二〕住世。上座法海向前言："大师！大师去后，衣法当付何人？"

　　大师言："法即付了，汝不须问。吾灭后二十余年，邪法缭乱，惑我宗旨。有人出来，不惜身命，定〔三〕佛教是非，竖立宗旨，即是吾正法①。衣不合传〔四〕。汝不信，吾与诵先代五祖《传衣付法诵》。若据第一祖达摩颂意，即不合传衣。听吾与汝颂〔五〕。"颂曰：

　　第一祖达摩和尚颂曰：

　　　　吾大来唐国，传教救迷情。

　　　　一花开五叶，结果自然成。

　　第二祖慧可和尚颂曰：

　　　　本来缘有地，从地种花生。

当本〔六〕元〔七〕无地，花从何处生？

第三祖僧璨和尚颂曰：

花种须〔八〕因地，地上种花生。

花种无生性，于地亦无生。

第四祖道信和尚颂曰：

花种有生性，因地种花生。

先缘不和合，一切尽无生。

第五祖弘忍和尚颂曰：

有情来下种，无情花即生。

无情又无种，心地亦无生。

第六祖惠能和尚颂曰：

心地含情种，法雨即化生。

自悟花情种，菩提果自成。

【校记】

〔一〕知，斯本作"之"。

〔二〕久，斯本作"求"。

〔三〕定，斯本作"弟"。

〔四〕传，斯本、旅本作"转"。

〔五〕敦博本无"颂"字。

〔六〕本，敦博本作"来"。

〔七〕元，斯本作"愿"。

〔八〕须，斯本、旅本作"虽"。

【今译】

众僧听完，领会了大师的意思，再不敢争论，依照教训修行。一齐礼拜，就知道大师不久于世。上座法海向前说道："大师！大师去后，法衣佛法应当传给何人？"

大师说："佛法已经托付了，你不必再问。我灭度二十多年以后，会有邪法扰乱，歪曲我的宗旨。有人出来，不惜生命，确定佛教的是非，竖立宗旨，就是我传的正法。法衣不应再传。你如果不信，我给你念诵前代五位祖师的《传衣付法颂》。如果根据第一祖达摩颂的意思，就不应该传付法衣。听我给你念颂。"颂文道：

第一祖达摩和尚的颂文是：

　　　我来大唐国传教，拯救迷误的生命。
　　　一朵花开五片叶，结出果实自然成。

第二祖慧可和尚的颂文是：

　　　本来缘分有土地，地里种花花才生。
　　　假如本来没有地，花从何处能出生？

第三祖僧璨和尚颂文是：

　　　花的种子要有地，地里种花才能生。
　　　假如花种是死种，种到地里也不生。

第四祖道信和尚的颂文是：

花种本来能出生，因地种花可以生。

先前因缘不和合，所有花种都不生。

第五祖弘忍和尚的颂文是：

有情之人下了种，无情花草就有生。

假如无情又无种，有心有地也不生。

第六祖惠能和尚的颂文是：

心地有情又有种，佛法雨下就化生。

自己悟得花、情、种，菩提果实自然成。

【简注】

①吾灭后二十余年，邪法缭乱，惑我宗旨。有人出来，不惜身命，定佛教是非，竖立宗旨，即是吾正法：惠能曾经从五祖弘忍处得到传法袈裟，这成为后世惠能系僧人标榜自己是禅宗正统的主要依据。惠能逝世后，也就有一个传法于谁，即谁为正统七祖的问题。惠能止袈裟不传，已如前述。关于惠能传法于谁，不同传本的《坛经》说法不一。敦煌本《坛经》在此出现一段惠能的预言，称已经将佛法传给继承人，但现在秘不宣布。自己逝世二十余年后，这个继承人会不惜身命定是非、竖宗旨。这是指神会于开元二十年（732）在滑台大云寺打出为天下学道人辨是非、定宗旨的旗号，与北宗僧人争夺禅宗正统。这一段所谓惠能预言，显然是滑台辩论以后由神会系僧人纂入的。这也说明敦煌本《坛经》是神会系的传本。

五十、临终二颂

能大师言："汝等听吾作二颂，取达摩和尚颂意。汝迷人依此〔一〕颂修行，必当见性。"

第一颂〔二〕：

心地邪花放，五叶逐根随。

共造无明业，见被业风吹。

第二颂〔三〕：

心地正花放，五叶逐根随。

共修般若慧，当来佛菩提。

六祖说偈已了，放众生散。门人出外思惟，即知大师不久住世。

【校记】

〔一〕此，敦博本作"法"。

〔二〕斯本"颂"后有"曰"字，下同。

〔三〕两篇颂文中叶（葉）与业（業），诸抄本多有混淆，但可看出亦有努力区别之意，故本校本据文意确定。

【今译】

惠能大师说："你们听我作两首颂，取达摩和尚颂文的意思。你们迷误的人依照这个颂文修行，一定会见性成佛。"

第一颂：

　　心地如有邪花开，花叶花根随上来。

　　共同造作无明业，知是业风吹进怀。

第二颂：

　　心地如有正花开，花根花叶随上来。

　　共修般若大智慧，菩提成佛可期待。

六祖说偈完毕，就让众人解散。门人出外思考，都知道大师将不久于人世。

五十一、顿法世系

六祖后至八月三日食后，大师言："汝等善〔一〕位坐，吾今共汝等别。"

法海问言："此顿教法传授，从上已来，至今几代？"

六祖言："初传受七佛，释迦牟尼佛第七。大迦叶第八，阿难第九，末因地第十，商那和修第十一，优婆鞠多第十二，提多迦第十三，佛陀难提第十四，佛陀密多第十五，胁比丘第十六，富那奢第十七，马鸣第十八，毗罗长老〔二〕第十九，龙树第二十，迦那提婆第二十一，罗睺罗第二十二，僧迦那提第二十三，僧迦那舍第二十四，鸠摩罗驮第二十五，阇耶多第二十六，婆修盘多第二十七，摩拏罗第二十八，鹤勒那第二十九，师子比丘第三十，舍那婆斯第三十一，优婆堀第三十二，僧迦罗第三十三，须婆密多第三十四，南天竺国王子第三太〔三〕子菩提达摩第三十五，唐国僧慧可第三十六，僧璨第三十七，道信第三十八，弘忍第三十九，惠能自身〔四〕当今受法第四十。"

大师言："今日已后，递相传授，须有依约，莫失宗旨。"

【校记】

〔一〕善，敦博本作"若"。

〔二〕老，斯本作"者"。

〔三〕斯本无"太"字。

〔四〕身，敦博本作"今"。

【今译】

六祖此后，到了八月三日饭后，大师说："你们都坐好了，我现在和你们告别。"

法海问道："这顿教法的传授，从开始以来，到今天有几代了？"

六祖说："起初传受的有七位佛祖，释迦牟尼佛是第七。大迦叶第八，阿难第九，未因地第十，商那和修第十一，优婆鞠多第十二，提多迦第十三，佛陀难提第十四，佛陀密多第十五，胁比丘第十六，富那奢第十七，马鸣第十八，毗罗长老第十九，龙树第二十，迦那提婆第二十一，罗睺罗第二十二，僧迦那提第二十三，僧迦那舍第二十四，鸠摩罗驮第二十五，阇耶多第二十六，婆修盘多第二十七，摩拏罗第二十八，鹤勒那第二十九，师子比丘第三十，舍那婆斯第三十一，优婆堀第三十二，僧迦罗第三十三，须婆密多第三十四，南天竺国王子第三太子菩提达摩第三十五，唐国僧慧可第三十六，僧璨第三十七，道信第三十八，弘忍第三十九，惠能自己是现在接受传法的第四十位。"

大师说："今天以后，你们要代代接替着传授。必须有依据和约束，不要丢失了宗旨。"

五十二、见真佛解脱颂

法海又白〔一〕大师："今去留付何法？令〔二〕后代人如何见佛？"

六祖言："汝听，后代迷人，但识众生，即能见佛。若不识众生，觅佛万劫不得〔三〕也。吾今教汝识众生见佛，更留《见真佛解脱颂》。迷即不见佛，悟者即见。"

法海愿闻，代代流传，世世不绝。

六祖言："汝听，吾与汝〔四〕说。后代世人，若欲觅佛，但识〔五〕众生，即能识佛。即缘有众生〔六〕，离众生无佛心①。"

迷即佛众生，悟即众生佛。

愚痴佛众生，智慧众生佛。

心崄佛众生，平等众生佛。

一生心若崄，佛在众生中〔七〕。

一念悟若平，即众生自佛。

　　我心自有佛，自佛是真佛。

　　自若无佛心，向何处求佛。

【校记】

〔一〕白，敦博本作"自"。

〔二〕令，斯本、旅本均作"今"。

〔三〕得，斯本作"得见"，敦博本作"可得"。

〔四〕与汝，斯本作"汝与"。

〔五〕斯本"识"后有"佛心"二字。

〔六〕斯本无"生"字。

〔七〕中，敦博本作"心"。

【今译】

　　法海又禀告大师："从今以后留下传递的是什么做法？如何让后代人见到佛祖？"

　　六祖说："你听着，后代迷误的人，只要能懂得什么是众生，就能见佛。如果不能懂得什么是众生，想找佛亿万年也找不到。我现在教你懂得什么是众生和如何见佛，再留下一首《见真佛解脱颂》。迷误就不能见佛，领悟的人立即就能看见。"

　　法海希望知道，代代流传，世世不绝。

　　六祖说："你听着，我对你说。后代世人，要想见佛，只要懂得什么是众生，就能懂得什么是佛。就是因为有众生，离开众生就没有懂佛的心。"

迷误，佛就是众生；领悟，众生就是佛。

愚昧，佛就是众生；智慧，众生就是佛。

心思险恶，佛就是众生；平易近人，众生就是佛。

一生心若险恶，佛就在众生之中。

一念领悟如果平和，众生自己就是佛。

我的心里自有佛，自心的佛是真佛。

自己没有作佛的心，哪里能够找到佛。

【简注】

①但识众生，即能识佛。即缘有众生，离众生无佛心：在惠能的理论体系中，佛与众生是一组对立统一的概念，相比较而存在。按照上述"暗不自暗，以明故暗"以及"以暗显明"的原则，只有懂得什么叫众生，才能懂得什么叫佛，也才能追求解脱成佛。所以惠能说："但识众生，即能见佛。若不识众生，觅佛万劫不得也。"也因为这一组概念相比较而存在，所以惠能说："即缘有众生，离众生无佛心。"在惠能看来，众生与佛，本性是相同的，不同的只是迷悟的状态。所以说："迷即佛〔是〕众生，悟即众生〔是〕佛。"

五十三、自性见真佛解脱颂

　　大师言："汝等门人好住，吾留一颂，名《自性见[一]真佛解脱颂》。后代迷问[二]此颂意，意即见自心自性真佛。与汝此颂，吾共汝别。"颂曰：

　　　　真如净性是真佛，
　　　　邪见三毒是真魔。
　　　　邪见之人魔在舍，
　　　　正见之人佛即[三]过。
　　　　性中邪见三毒生，
　　　　即是魔王来住舍。
　　　　正见忽除[四]三毒心[五]，
　　　　魔变成佛真无假。
　　　　化身报身及净身，
　　　　三身元本是一身。

若向身中觅自见，

即是成〔六〕佛菩提因。

本从化身生净性，

净性常在化身中。

性使化身行正道，

当来圆满真无穷。

淫性本身净性〔七〕因，

除淫即无净性身。

性中但自离〔八〕五〔九〕欲，

见性刹那即是真。

今生若悟顿教门，

悟即眼前见世尊。

若欲修行云〔一〇〕觅佛，

不知何处欲求〔一一〕真。

若能身中自有真，

有真即是成佛因。

自不求真外觅佛，

去觅总是大痴人。

顿教法者是西流，

救〔一二〕度世人须自修。

今保世间学道者，

不于此是大悠悠。

　　大师说偈已了，遂告门人曰："汝等好住，今共汝别。吾去以后，莫作世情悲泣，而受人吊问〔一三〕、钱帛，著孝衣，即非圣法，非我弟子①。如吾在日一种，一时端坐，但无动无静，无生无灭，无去无来，无是无非无住，坦然寂静，即是大道②。吾去已〔一四〕后，但依法修行，共吾在日一种。吾若在世，汝违教法，吾住无益。"

　　大师云此语已，夜至三更，奄然迁化。

　　大师春秋七十有〔一五〕六。

【校记】

〔一〕斯本无"见"字。

〔二〕问，诸本作"门"，当是笔误。

〔三〕即，斯本作"则"。

〔四〕除，斯本作"则"。

〔五〕心，斯本作"生"。

〔六〕斯本无"成"字。

〔七〕净性，斯本作"清净"。

〔八〕离，敦博本作"欲"。

〔九〕五，斯本作"吾"。

〔一〇〕云，敦博本作"求"。

〔一一〕求，敦博本作"觅"。

〔一二〕救，斯本作"求"。

〔一三〕问，敦博本草书，本校本于《国际汉学》发表时认作"以"，误。

〔一四〕敦博本无"已"字。

〔一五〕有，敦博本作"省"。

【今译】

大师说："你们门人们好自保重，我留下一颂，名《自性见真佛解脱颂》。后代迷误者询问这颂的意思，意思就是见自心自性的真佛。给你们这首颂，我和你们告别。"颂道：

　　　　真如清净的本性是真佛，
　　　　邪见三毒是真正的魔鬼。
　　　　邪见的人魔鬼就在屋里，
　　　　正见的人佛就会造访于他。
　　　　本性中的邪见产生三毒，
　　　　就是魔王来到他的屋里。
　　　　正见忽然消除三毒之心，
　　　　魔王变成佛真实不假。
　　　　化身报身和清净的法身，
　　　　三身本来就是一身。
　　　　若向身中寻找要自己看见，
　　　　就是成佛的菩提原因。
　　　　本来是从化身中产生的清净本性，

清净本性永远存在于化身之中。

本性让化身行走正道，

将会结局圆满真实无穷。

淫秽性质本身是清净本性的原因，

除去淫秽就没有清净本性的法身。

本性之中只要自己能摆脱五种欲望，

见到本性刹那之间就成佛成真。

今生若能领悟顿教法门，

领悟者眼前就能见到佛祖世尊。

要想修行说是寻求成佛，

不知道何处才能找到那个真。

若能知道身中自有真佛，

有真就是成佛的原因。

不到自身求真要到外面找佛，

去找的统统都是大蠢人。

顿教法门是西方流传来的，

救度世人要靠世人自己修行。

现在可以肯定地告诉世间学道的人，

不到这里求佛是绝对的荒谬。

　　大师说偈完毕，就告诉门人说："你们好自保重吧，现在和你们告别了。我离去以后，不要像俗人那样悲伤哭泣，接受人家的凭吊慰问、钱帛，穿什么孝衣，都不是圣教的做法，也不是我的弟子。要像我在世时一样，一齐端正坐着，只是不动不静，无生无灭，无去无来，无是无非无住，坦然寂静，就是大道。我离去以后，只是依法修行，和我在世时一样。我若在世，你们违背教法，我在也没有用处。"

大师说这话完了，到夜里三更，安然迁化。

大师享年七十六。

【简注】

①吾去以后，莫作世情悲泣，而受人吊问、钱帛，著孝衣，即非圣法，非我弟子：作世情悲泣，受人吊问、钱帛，著孝衣等等，无非说明弟子们没有真正证悟佛法。所以惠能说如果这样，"即非圣法，非我弟子"。参见第四十八章《临终告别》注①。

②如吾在日一种，一时端坐，但无动无静……即是大道："一种"，当时的口语，意为"一样"。从上文看，惠能虽然反对传统的坐禅，但也不绝对排斥它。弟子们平时也端坐修持禅定。

此处之"大道"即真如佛性。参见第四十八章《临终告别》注②。

五十四、灭度之日

　　大师灭度之〔一〕日，寺内异香〔二〕氛氲〔三〕，经〔四〕数日不散。山崩地动，林木变白，日月无光，风云失色。八月三日灭度，至十一月，迎和尚神座于漕溪山，葬在龙龛之内。白光出现，直上冲天，三〔五〕日始散。

　　韶州刺史韦据〔六〕立碑，至今供养。

【校记】

〔一〕之，斯本作“诸”。

〔二〕香，敦博本作“年日”。

〔三〕氛氲，敦博本作“氛氛”。

〔四〕敦博本无“经”字。

〔五〕三，斯本作“二”。

〔六〕据，斯本作“处”。

【今译】

大师灭度这天，寺内异香氤氲，经数日也不消散。山崩地动，林木变白，日月无光，风云失色。八月三日灭度，到十一月，迎请惠能和尚的神座到漕溪山，葬在龙龛之内。这时出现一道白光，直冲云天，三日才散。

韶州刺史韦据立碑，到今天仍然供养。

五十五、《坛经》传授

此《坛经》，法海上座集。上座无常，付同学道漈[一]。道漈无常，付门人悟真；悟真[二]在岭南漕溪山法兴寺，现今传授此法。

【校记】

〔一〕漈，敦博本作"际"。

〔二〕敦博本无"悟真"二字。

【今译】

这本《坛经》，是法海上座搜集的。上座去世，传给同学道漈。道漈去世，传给门人悟真；悟真在岭南漕溪山法兴寺，现在传授这个法门。

五十六、传经条件

如付此法，须得上根智，深[一]信佛法，立[二]大悲。持此经以为禀[三]承，于今不绝。

【校记】

〔一〕深，斯本作"心"。

〔二〕敦博本"立"后有"于"字。

〔三〕禀，斯本作"衣"。

【今译】

如要传授这个法门，必须要是上根智者，并且深信佛法，树立大慈大悲的情怀。持此经作为禀承，至今不绝。

五十七、誓言

和尚本是韶州曲江县[一]人也。

如来入涅槃，法教流东土。

共传无住，即我心无住。

此真菩萨说，真实示行喻。

惟教大智人，示[二]旨于凡度。

誓修行。修行[三]遭难不退，遇苦能忍，福德深厚，方授此法。如根性[四]不堪，林[五]量不得，虽[六]求此法，违立不德[七]者，不得妄付《坛经》。告诸同道者，令知[八]蜜意。

南宗顿教最上大乘坛经[九]一卷

【校记】

〔一〕县，敦博本、斯本俱作"悬"。

〔二〕示，斯本作"是"。

〔三〕敦博本无"修行"。

〔四〕根性，敦博本作"眼"。

〔五〕林，铃、郭、杨、邓校本均校改为"材"。

〔六〕虽，斯本作"须"。

〔七〕德，敦博本作"得"。

〔八〕令知，斯本作"今诸"。

〔九〕斯本"坛经"后有一"法"字。

【今译】

和尚本是韶州曲江县人氏。

　　如来进入涅槃，佛法教诲流传到了东方。

　　共同传授无住，就是我心思无住。

　　这是真正的菩萨语言，真实昭示进行教诲。

　　只教导大智慧之人，昭示宗旨让凡人超度。

发誓修行。修行遭难不退缩，遇苦能忍受，福祉功德都深厚者，才传授这个法门。如果根器本性不可教诲，才能气量不够，虽然追求这个法门，违背宗旨德行不良者，不可轻易把《坛经》传授。告诉诸位同道者，让都知道这里的深意。

　　南宗顿教最上大乘坛经一卷

附　　录

敦煌《坛经》写本跋^①

任继愈

　　《坛经》在我国佛教发展史及思想史上有过深远影响，它也曾引起国内外学术研究者的重视。中国僧人的语录，被后代学人（当然是禅宗一派）尊奉为"经"的，只此一家。隋唐以后，出现过不少伪经，但这些伪经的作者都不敢说出作者的时代、姓名，只能伪托"佛说"，只有《坛经》明目张胆地标明这是惠能的言行录。当年释迦逝世后，他的说教也是在他逝世百年之后才开始结集的。《坛经》记录惠能的言行，汇编成书，需要一个过程，中间经历了若干传播者的手和口，难免有些意思与原意有出入。

---

　　① 禅宗《坛经》流传于海内外，版本甚多。近年日本禅宗研究学者柳田圣山教授编有《六祖坛经诸本集成》一书，荟集诸本合为一编，由中文出版社出版，给研究禅经学者以极大方便。世界宗教研究所郭朋同志出版《坛经对勘》，山东齐鲁书社1981年出版，对《坛经》各主要版本异同作对勘，有益于士林。

据日本柳田圣山教授主编的《六祖坛经诸本集成》，所列版本共十一种，它们是：

一、敦煌本①

二、兴圣寺本

三、金山天宁寺本

四、大乘寺本

五、高丽传本

六、明版南藏本

七、明版正统本

八、清代真朴重梓本

九、曹溪原本

十、流布本

十一、金陵刻经处本

此外尚有西夏文断片、金泽文库本断片，及手抄本《曹溪大师传》。

现存《坛经》的十几个版本中，分歧较大的莫过于惠能的"传法偈"，这个问题曾引起古今佛教研究者们的注意。

神秀偈云：

　　　　身是菩提树，心如明镜台，时时勤拂拭，莫使有尘埃。

敦煌本《坛经》记录的惠能偈有两首：

---

① 敦煌本全称为《南宗顿教最上大乘摩诃般若波罗蜜经六祖惠能大师于韶州大梵寺施法坛经》。

（一）菩提本无树，明镜亦无台，佛性常清净，何处有尘埃。

（二）心是菩提树，身为明镜台，明镜本清净，何处染尘埃。

近人陈寅恪先生有专文[①]论及这两个偈比喻不适当和意义不完备两大缺失。陈文指出，菩提树为永久坚牢之宝树，冬夏不凋，光鲜无变，佛祖在此树下成最正觉，不应比喻变灭无常之肉身，所以说这是比喻不适当。陈文又指出，后一偈开首两句，心身两字为书写者写颠倒了，应作"身是菩提树，心为明镜台"，极是。根据修辞通例，偈文必须身心对举，言身则为树，分析皆空；心则如镜，光明普照。今偈文只讲到心的方面，而对身的方面，只用了一个比喻作为开头，缺少继续之下文，仅得文意之半，所以说意义不完备。

陈文指出，千百年来人们对此偈一味称赞，以为绝妙好辞，而忽略了它的缺失。陈文给后人以有益的启发。

现在从另一个角度来考察敦煌本《坛经》传法偈的问题。

据嵩山少林寺《法如碑》等文献记录，可以推证弘忍死后，禅宗南北二宗传法世系尚未正式建立，所谓顿渐之争还未提到日程上来。

禅学自东汉传入后，从安世高介绍小乘禅法起，到菩提达

---

① 《禅宗六祖传法偈之分析》，《金明馆丛稿二编》，第 166 页，上海古籍出版社，1980 年。

摩介绍南天竺一乘宗的大乘禅法，都是一面静坐，一面思维，用思想的集中以调整呼吸，内观因果，冥想解脱境界（如"四禅"、"入道四行"等），都是身、心配合的宗教训练方法。

　　敦煌本《坛经》，神秀一偈与惠能两偈，说的都是身、心如何训练问题。但神秀与惠能两人的侧重处不同。神秀偈强调坐禅者的主观训练，"菩提树"、"明镜台"都是一种比喻，要求不犯身、口、意等过失，调练身心，尽力防范俗念滋生，使它们像菩提树一样坚牢、光洁①，像明镜那样不容灰尘污染。惠能两偈也是讲的习禅训练方法，而侧重于佛教的宗教世界观的培养。"佛性常清净"（第一偈）、"明镜本清净"（第二偈），更偏于积极树立佛教的宗教世界观，其禅法宗旨不只限于防犯过失，而是致力于树立佛性"常清净"、"本清净"的宗教世界观。从坚定佛教立场看，用菩提树作比喻，不一定算比喻不适当；惠能的第二偈要求习禅者体认佛性的自身清净，以树立其信心，也不一定算作意义不完备。

　　敦煌本《坛经》惠能两偈，后来各种版本的《坛经》都写作一偈，就是现在世界流行，几乎家喻户晓的"菩提本无树，明镜亦非台，本来无一物，何处惹尘埃"。

　　佛教研究者多着眼于辨析后来各《坛经》版本惠能偈为伪造或篡改。惟神秀偈各本相同，遂信其为真出于神秀之手，而

---

　　① 《大唐慈恩传》讲到佛成道的菩提树，冬夏长青，有不遭虫害等特性。

未尝疑其"伪"。

　　喜得近年考古有新的发现[①]，这个五祖传法故事有多少真实性，还值得怀疑。

　　据《法如碑》记载（此碑刻于698年，保存完好，在少林寺），法如在弘忍门下共16年，咸亨五年（674年）弘忍死后，他才离开东山寺，转到少林寺，后来当了主持。又据神秀碑载，神秀在弘忍门下"服勤六年，不舍昼夜"[②]。以后，离开弘忍。弘忍死时，神秀未在身边，惠能早已离去。这就是说，弘忍单独传法给惠能（无论有无衣钵为信），固然出于后人附会；单独传法给神秀，同样出于后人的附会。各种版本《坛经》的传法偈，都是法如死后（永昌元年，公元689年）约半个世纪以后的事。这些是非都是弘忍的再传门人分别门户，制造出来的。当然，这种争论也不排斥各派争取统治者的支持、争夺寺院财产的继承权等因素在内。以今例古，其理不殊。又据《唐大证禅师碑》（《金石萃编》卷十九）、《唐少林寺同光禅师碑》（《金石萃编》卷八）、《法如禅师碑》（《金石萃编》卷六），各派虽都以传得道统自任，却还未见有独占法统，自称嫡系，排斥其它系统为异端的记载[③]。按法如死后又过了17

　　　　①　温玉成《读禅宗大师法如碑书后》，《世界宗教研究》1981年第一期，社会科学出版社。

　　　　②　张说《荆州玉泉寺大通禅师碑》。

　　　　③　参看汤用彤先生《隋唐佛教史稿》，第188页有关禅宗部分，中华书局，1982年。

年（神龙二年，公元 706 年），神秀死。张说为神秀撰碑文，亦说"东山之法，尽在秀矣"，未说神秀是达摩以后的唯一的嫡传法嗣。只是到了神秀死后又过了 30 年（736 年），他的弟子普寂、义福才正式为神秀争得六代祖师地位。神秀死后，又过了三十九年（745 年），神会在滑台大会又为惠能争得六代祖师的地位。

《坛经》各种版本的传法记载，都是禅宗后代传人逐渐增补的。所有佛经，每卷开头都是"一时佛在舍卫国（或其它地点）……"，有时对国王说法，有时在龙宫，有时在林中，有时在山上。佛说经都有时间有地点，以示可信。事实表明，凡佛说经，都是后代佛徒"结集"成的，所谓"结集"就是后来的学派按照他们各自的理解来编凑的"言论集"，把它挂在释迦名下，称之为"经"，虽无其事，当有其理。唐中期以后，禅宗风行海内，蔚为大宗，其门徒根据自己的理解和主张，"结集"师说，汇编为《坛经》，自在情理中，尽管敦煌本与后来的各种版本出入较大，却不能说后来的各种版本的《坛经》篡改或伪造。

现在的敦煌本《坛经》产生的时代约为 780 年[①]，上距惠能之死，已 67 年。现存最古的禅宗史《祖堂集》编于五代南唐保大十年（952 年）[②]，上距惠能之死为 239 年，距敦煌本《坛

---

① 柳田圣山《六祖坛经诸本集成》解题，日本中文出版社，1976 年。

② 题为《泉州招庆寺主净修禅师文僜述》。

经》为 172 年。《祖堂集》记录的这个传法偈，神秀偈一首，卢行者偈一首（不称惠能），神秀偈与传世各本相同，惠能偈为：

　　　　身非菩提树，心镜亦非台，本来无一物，何处有尘埃。

文句与后来通行本略异，而主旨不差。此偈早于北宋《景德传灯录》50 年。

各本《坛经》都认为神秀偈没有彻底了解禅宗的宗旨，基本上持否定态度；只有对惠能偈（不论是敦煌本的两首，还是后来各版本的一首）持肯定态度。惠能偈为惠能后学所编制，自无疑问，神秀偈是否即神秀所作，似未见有人提出疑问。从神秀当时的活动及关于其弟子普寂、义福的记载中，却看不出他有作此偈的可能。如果没有弘忍传法于神秀或惠能的事实，当然没有传法的偈颂。史传记载，弘忍门下千百徒众，传法人不只是一个神秀，或一个惠能，而是有一批继承者，其中也有相从最久、享有盛名的法如等。从敦煌本《坛经》开始流布之日起，就带有张大惠能学派的倾向。我们可假设，所谓神秀偈，只是为了作为惠能偈的陪衬，为了显示神秀的"不了义"，反衬惠能的彻悟和高明而制作出来的，它与神秀及其弟子无甚瓜葛，倒是与惠能及其弟子的关系甚大。正因为这样的缘故，所以用作陪衬的神秀偈，诸本《坛经》尽同，而用作正面教材的惠能偈，却由惠能后学们一代一代地踵事增华，而变得完备起来。可以说，《传法偈》就是为了争禅宗六代祖师的正统地位才创制的。不打破神秀的垄断地位，就难以确立惠能的六祖的嫡系继承权。因为神秀经历了几代皇帝的吹捧，号称"两京法王，三帝国师"，势力太大了，法海、神会等惠能门徒必须把神秀作为靶子来打。先丑化对手，再说明自己的正确，这种事情，古来屡见不鲜。要警惕唐代名气很大的政治和尚，并不那么天真可信。

做翻案文章，必先有一个"正面"文章作为靶子，翻案文章才好做。缺少这个靶子，翻案文章即无从做。可以设想，如果没有神秀的偈在前，惠能偈即显不出它的警辟。历观佛教思想发展，如没有小乘的一切有部，大乘空宗的破相就成了无的放矢；没有大乘空宗的挥斥八极扫荡一切的作用，后来的大乘有宗的圆成实性，也无从区别于小乘有部。人类思想就是沿着这条不断地否定之否定的途径前进的。

敦煌本《坛经》，写成的时代约为780年。惠能传法偈与后来诸本有异，从敦煌本《坛经》到最早的《祖堂集》的中间相距约170年，后50年乃《景德传灯录》的《传法偈》，于是惠能传法偈遂成定论。禅宗不立文字，而重在直观的体验，敦煌本《坛经》错别字连篇累牍，说明传抄者的文化水平不高，是个小知识分子，但其中道理却不可低估，见解是深刻的。弟子们记录容有出入，有详略，但各种版本的《坛经》确实是惠能禅宗的言行录，不容置疑。敦煌本《坛经》的发现，足以表明禅宗思想当年传播的广泛程度。从常情推论，内地关于《坛经》的记录当不止一本，惠能弟子除去法海外，尚有多人，神会就是比法海活动能力更强的一个。各种抄本内容有出入，是自然的。如"风幡之辨"不见于敦煌本《坛经》，而见于《历代法宝记》，该书成于大历年间（766—779 年），略早于敦煌本《坛经》。敦煌本《坛经》足以说明禅宗势力已远及河西走廊，而中原地区流行的其它版本和说法，还不能由此一个版本就作出判断，认为其它版本都是伪造的。

禅宗早期不重著述，大量著述是在五代以后，语录已泛滥成灾。早期禅宗多为口传心印，以后各种版本《坛经》虽达十余种，基本思想完全是惠能一派的，而不属于神秀、普寂、义福以及《禅源诸诠集》中所收集的其它流派。我们今天研究惠能的思想，敦煌本《坛经》给人们提供了较早的一件有价值的资料①。但也要考虑到，此后的其它版本，成书迟，其中包含的思想可以很早。此种事例，中外不乏先例。如《老子》成书于战国，其中有战国的时代痕迹，但此书基本上可以代表老子的思想，这一事实已被学术界所承认。从《老子》一书的完成上溯到春秋时的老聃本人，达一二百年，比敦煌本《坛经》的写定距惠能传法时期要长得多。再如《山海经》一书写成图文并存的定本，约在晋朝，其中许多事迹多为史前传说，利用《山海经》以解释远古史地，不失为一种可行的依据。远古史

---

　　① 李富华《惠能和他的佛教思想》，《世界宗教研究》1981 年第三期，第 110—113 页关于《坛经》节。

前传说到《山海经》的汇编成书，当在几千年以上。因此，运用敦煌本《坛经》同时兼采宋以后的现存各种版本的《坛经》作为原始资料，说明慧能的禅宗思想，指出它的思想特征，不但是可行的，而且是必要的。

至于弘忍从《楞伽经》转授《金刚经》，敦煌本《坛经》已有明证。拙著《汉唐佛教思想论集》出版后，见解未变，这里就不再重复说明了。然据《法如碑》，法如从弘忍接受《楞伽经》，这也足以说明弘忍以《楞伽经》为主要经典，弘忍开始兼授《金刚经》，法如专主《楞伽经》，惠能专主《金刚经》，学术流源，痕迹显然。

（原载《1983 年全国敦煌学术讨论会文集》）

《敦煌写本坛经》是"最初"的《坛经》吗?

拾　文

　　《坛经》是禅宗六祖慧能（638—713）的语录，由他的门人法海结集而成，为研究慧能思想的根本典籍。《坛经》问世之后，即有多种本子同时存在，其间虽有详略之分，但无真伪之别。自从本世纪初发现了敦煌写本《坛经》，因其内容与现行几种版本的《坛经》有不少出入，于是在中外学者间出现了肯定敦煌本《坛经》而否定其他版本《坛经》的倾向。有的说："在《坛经》各本当中的敦煌本为最古，它是后来各本《坛经》的基础。"（宇井伯寿著，杨曾文译：《坛经考》，载1980年第4期《世界宗教资料》）有的说："敦煌写本《坛经》是《坛经》最古之本。"（胡适：《神会和尚遗集》卷首第10页）还有的说："最初《坛经》只有一个本子，就是法海当时的记录本，也就是后来的'敦煌写本'。"并贬斥敦煌本以外的《坛经》都"搞了一些画蛇添足、贩运私货的勾当"（见《隋唐佛教》

第 534、535 页）等等。

"敦煌写本"《坛经》当真就是慧能所说、法海所记的《坛经》"最古"、"最初"的范本吗？从尊重历史和尊重事实的观点出发，我认为不能那样下结论。

我们先从《坛经》版本的历史渊源，看看敦煌写本《坛经》是不是"最古"、"最初"的本子。

慧能的《坛经》，除了敦煌本之外，还有"惠昕本"（公元 967 年刊）、"契嵩本"（公元 1056 年刊）、"德异本"（公元 1290 年刊）和"宗宝本"（公元 1291 年刊）等。惠昕等人都说他们所刊《坛经》是根据一种"文繁"的"古本《坛经》""校雠"编定的：

①惠昕在《六祖坛经序》里说："故我六祖大师，广为学徒直说见性法门，总令自悟成佛，目为《坛经》，流传后学。古本文繁，披览之徒，初忻后厌。余……于思迎塔院，分为二卷，凡十一门，贵接后来同见佛性者。"（见 1944 年《普慧大藏经》本第 1 页）其时在宋太祖乾德五年（967），上距慧能入寂之年（713）二百五十四年。

②宋郎简《六祖坛经序》说："六祖之说，余素敬之。患其为俗所增损，而文字鄙俚繁杂，殆不可考。会沙门契嵩作《坛经赞》，因谓嵩师曰：若能正之，吾为出财模印以广其传。更二载，嵩果得曹溪古本，校之，勒成三卷，粲然皆六祖之言，不复谬妄。"（同上，第 3 页）时在宋仁宗至和三年

（1056），上距惠昕本九十九年。

③德异《坛经序》说："惜乎《坛经》为后人节略太多，不见六祖大全之旨。德异幼年尝见古本，自后遍求古本三十余载，近得通上人寻到全文，遂刊于吴中休休禅庵。与诸胜士，同一受用。"时在元至元二十七年（1290），距契嵩本二百三十四年。

④宗宝的《坛经跋》则说他"见三本不同，互有得失，其板亦已漫灭，因取其本校雠，讹者正之，略者详之，复增入《弟子请益机缘》，庶几学者得尽曹溪之旨"。宗宝本与德异本仅一年之隔，上距慧能入寂之年五百七十八年。

从以上四条历史资料中，我们可以很明显地看出这样一个事实，即：从慧能逝世到宗宝本《坛经》问世的五百七十八年间，《坛经》的发展演变并不像中外许多学者所指出的是一个由简到繁的过程，即敦煌本——惠昕本——契嵩本——宗宝本等；而是一个由繁到简，又由简复原的过程，即古本（或曹溪原本）——惠昕本（或类似之本）——敦煌本（或类似之本）——契嵩本（复原本）。这个由繁到简、由简复原的过程，通过对资料的考察，证明它实际上是存在的：惠昕说"古本文繁，披览之徒，初忻后厌"，郎简又说《坛经》"为俗所增损，而文字鄙俚繁杂，殆不可考"。如此说来，郎氏所见之本，很可能就是一种类似后来在敦煌发现的本子。契嵩获得的"曹溪古本"，"粲然皆六祖之言"，应当相信郎简的话是可信的，不会是"诡称"。从惠昕到契嵩，都说他们见到过曹溪古本《坛经》。我们知道，曹溪是慧能生前安禅、开法、传衣之地，也是他身后衣钵、真身所在之处，而且集寻《坛经》的法海就是曹溪（曹溪在今广东曲江县境内）本地人，《坛经》也是在曹溪结集的。在曹溪或者邻近的地方发现"曹溪古本"《坛经》，完全是情理中事。我们不能想象，慧能的门人能够千方百计地保存慧能遗存的衣钵、真身等法物，而不同时珍藏慧能唯一的开示——《坛经》原本。

此后，元代的德异又慨叹《坛经》为后人节略太多，不见六祖大全之旨。他幼年时曾经见过古本《坛经》，自后遍求三十余载，才寻到全文，刊于吴中休休禅庵。德异所见的是哪种"节略太多"的《坛经》？是惠昕本，还是类似现在所传的敦煌本？无从知其详细，也有可能就是后者。因为类似现在所传的敦煌本《坛经》，在当时虽未刻板，但在人间抄录流传是有可能的。在德异刻印《坛经》的同时，宗宝也在粤中根据三种不同版本的《坛经》进行校雠，使"讹者正之，略者详之"。宗宝据以校雠的本子，从他的《跋》文看，可能是契嵩校勘过的"曹溪古本"或"曹溪原本"。

从慧能逝世时起到宗宝本《坛经》的问世，有文字记载发现的古本《坛经》就有四次之多。被英人斯坦因携去的《敦煌写本坛经》，至 1928 年前后始由日人矢吹庆辉将其影印本寄赠胡适，距慧能的寂年已经一千二百五十一年了。据宇井伯寿的研究，敦煌写本《坛经》，"从笔体来看当是唐末宋初（公元 960 年前后）的"遗物。资料证明，就在敦煌简本传抄的同时，惠昕已经发现了"文繁"的古本《坛经》。我不知道有关学者凭什么理由只肯定距慧能逝世一千二百五十多年后发现的敦煌写本《坛经》才是《坛经》的"最古"、"最初"的本子，而否定那些在慧能逝世后二百年到五百年间几次发现的《坛经》古本都是"自欺欺人"的"私货"？在地处曹溪万里之遥，时距慧能千载之后，犹能在鸣沙石室发现一本残缺不全、错字连篇的写本《坛经》，试问：在六祖禅宗风行之地，慧能真身衣钵所在之乡，惠昕、契嵩等人在六祖逝世后二三百年中，就几次发现过内容翔实的"古本"《坛经》，这又有什么值得怀疑的呢？凭什么还厚诬惠昕以下各本是"画蛇添足"、"贩运私货"呢！敦煌本《坛经》既是唐末宋初之物，其中又明明写有四代相传的人名，又怎么能说是"最初"的原文呢？

从上面提到的有关资料看来，在曹溪或者在它邻近的地区，确实是存在一种"文繁"的古本《坛经》的（有时称为"曹溪原本"）。这个事实不但已经从《坛经》本身流传的历史记载中找到了明证，还可以从宋以前的禅宗史料中找到旁证。

1. 现存禅宗史料中最早提到《坛经》的人大概要算南阳慧忠禅师（卒于 775 年）吧。他说："吾比游方，多见此色，近尤盛矣。聚却三五百众，目视云汉，云是南方宗旨，把他《坛经》改换，添糅鄙谈，消除圣意，惑乱后徒，岂成言教？苦哉！吾宗丧矣。"（《传灯录》卷二八）慧忠发出这些慨叹大约是在慧能逝世以后五十年左右，可能指的是南方禅门的情况。

2. 韦处厚（卒于 828 年）作《兴福寺内供奉大德大义禅师碑铭》说："在洛者曰会，得总持之印，独耀莹珠。习徒迷真，橘枳变体，竟成《坛经》传宗，优劣详矣。"（见《全唐文》卷七一五）这是指慧能寂后一百年左右中原地区禅门里发生的情况。

这两条资料至少可以说明这样两个事实：一是在慧能逝世后即有《坛经》行世，二是在《坛经》行世之后就有"添糅鄙谈，消除圣意"、"橘枳变体"等现象发生。特别是可以澄清一个问题：并非像有的学者所说的那样，惠昕是"窜改《坛经》的始作俑者"（《〈坛经〉对勘》第 8 页），而是在惠昕发现"古本"《坛经》的二百年前就有人"把他《坛经》改换"，使得"橘枳变体"。

由此可见，传抄于唐末宋初（960 年前后）的敦煌本《坛经》，并非《坛经》"最古"、"最初"的原本，不是已经非常明白了吗？然而使人迷惑不解的是，国内外研究《坛经》的学者一方面用惠昕以下各本来改正敦煌本的错字漏句——这无疑是正确的，其他各本的内容只要是敦煌本所没有的，就都是"恣意篡改"、"贩运私货"！这种态度就有欠公正了。如果没有惠昕以下各种版本的《坛经》流传于世，我们今天要想补正敦煌写本《坛经》的漏句错字，要想如实地了解慧能的生平和思想，那是不可想象的。

正像以上资料已经证明了的那样，我认为《坛经》除了敦煌本、惠昕本、契嵩本之外，还有一种"曹溪古本"《坛经》存在过（至少元代以前是这样），这个本子很可能就是现存的"曹溪原本"。怎样看待这个问题，我觉得只要冷静而客观地考察"曹溪原本"的来龙去脉，一定会得出比较正确的结论。

其次有的学者根据敦煌本与流通本《坛经》之间在内容上的某些分歧，提出了对慧能思想的不同看法。笔者学业荒疏，本来不敢献曝，但又觉得其中有的问题还是有议一议的必要，并借此就正于方家。

1. 关于"本来无一物"的问题。慧能在黄梅的"得法偈"，敦煌本《坛经》作："菩提本无树，明镜亦非台，佛姓（性）常清净，何处有尘埃！"惠昕本以下各种版本的《坛经》均作："菩提本无树，明镜亦非台，本来无一物，何处有（"有"亦作"惹"）尘埃！"（《祖堂集》卷二作："身非菩提树，心镜亦非台，本来无一物，何处有尘埃？"）

这首偈语是慧能思想的集中体现，对研究慧能的思想和他所倡导的南宗禅来说，它的每一个字都是至关重要的。然而敦煌本与其他版本恰恰在这个关键性的字句上出现了分歧，真有差之毫厘、谬之千里之感。因此，有的学者就认为是"惠昕带头，把'佛性常清净'，窜改为'本来无一物'"的。并说"这是从思想上对慧能作了根本性的窜改：把'佛性'论者的慧能，窜改为虚无主义者，从而为以下更多更大的窜改，作了极为恶劣的开端。而且，以后随着契嵩、宗宝本的广泛流通，这首'本来无一物'的窜易偈文，竟然取代了'佛性常清净'的偈文，而成了中国思想史上人所共知的偈文。致使千百年来，以假当真，真伪不辨。这项窜改，始作俑者是惠昕，而广为流传、张大其影响者，则是契嵩和宗宝"（见《〈坛经〉对勘》第19页）。要回答这首偈文的第三句究竟是敦煌本的"佛性常清净"是慧能原话，还是惠昕以下各本的"本来无一物"是慧能原话这个问题，笔者以为应该从历史资料和慧能思想两方面进行考察。

在惠昕本《坛经》还没问世之前七十七年逝世的仰山慧寂（814—890）提到慧能"得法偈"时，其第三句就不是敦煌本的"佛性常清净"，而是和其他各种版本《坛经》相一致的"本来无一物"。此事载于《祖堂集》卷十八，同书卷二《弘忍和尚传》所录第三句亦同。黄檗希运的《宛陵录》（公元857年成书）中也有"本来无一物"（见《大正藏》第48卷第385页中）的语句。说明这句话在《坛经》的"曹溪原本"中本来就是如此，只是到了敦煌本才改成了"佛性常清净"的。

历史的事实是那样有力地证实了"本来无一物"并非由于惠昕"带头""窜改"才出现在《坛经》里的。那么，这句话是否同慧能的思想相一致呢？这是笔者试图回答的问题的另一个方面。根据中外绝大多数学者的看法，认为"无念为宗，无相为体，无住为本"(《坛经》各本均有此语)，是慧能思想的基本点。一部《坛经》千言万语，都是在发挥他的这个基本思想。他的"得法偈"同他的"三无"思想是一脉贯通的。慧能有资格继承弘忍的衣钵并在中国佛教史上独放异彩，这首以"本来无一物"为核心的"得法偈"是其起点。

2. 关于"本来面目"的问题。近有学者在评论《坛经》里关于惠明在大庾岭头闻法得悟的公案时说："其二，也是最重要的一点，慧能居然对惠明说：'不思善，不思恶，正与么时那个是明上座本来面目！'这又是契嵩、宗宝等人在明目张胆地伪造历史！稍为了解一点禅宗史的人都知道，所谓'哪(前作"那"，此作"哪"，原文如此——引者)个是明上座本来面目'这类的话，乃是出现了所谓'话头禅'(也叫"看话禅")以后才有的诳禅行话。慧能时还不会有这种语言。"并说这是契嵩、宗宝等人"不顾历史事实，把在慧能以后才出现的东西，硬往慧能嘴里塞，实在是一种既荒谬又恶劣的作法。契嵩、宗宝等人还说，惠明在听了那么一句莫名其妙的混话之后，便'言下大悟'，自然也是一种纯粹的瞎扯。"(见《隋唐佛教》第539页)又说："这是契嵩带头把出现了所谓'看话禅'(也叫"话头禅")以后才有的一些货色硬塞进《坛经》里去的一种明显的作伪行径！"(见《〈坛经〉对勘》第27页)

我们知道，"看话禅"①是南宋大慧宗杲（1089—1163）提倡的一种参禅方法，而明教契嵩（1011—1072）校勘《坛经》是在大慧还没有出生的北宋时代，具体的年代是公元1056年，他不可能预见后人会提出"看话禅"来，事先在《坛经》里造舆论、打埋伏，使"看话禅"有经可据而成为合法的东西。那么契嵩本以下各种版本的《坛经》（其实惠昕本也有同样的字句，只是以小注的形式出现罢了）有关惠明公案的那些话是从哪里来的呢？笔者认为那段话是《坛经》的"曹溪原本"里本来就有的东西，敦煌本《坛经》只不过是《坛经》一种"节略"本，为了抄写、诵持、传宗的方便，就把那些在"节略"者看来无关重要的内容删去了。试据宋以前的禅宗典籍就这个问题作些说明。

前面已经提到了黄檗禅师（？—855）《传心法要》一书，记载了裴休于唐会昌二年（842）、大中二年（848）两次请益的内容。当时裴休提的许多问题中便包括了著名的惠明公案在内。黄檗是这样回答裴休的："明上座走来大庾岭头寻六祖，六祖便问：汝来求何事？为求衣，为求法？明上座云：不为衣来，但为法来！六祖云：汝且暂时敛念，善恶都莫思量。明乃

---

① 《传心法要》说："若是个丈夫汉，看个公案！僧问赵州：狗子还有佛性也无？州云：无！但去二六时中看个无字，昼参夜参，行住坐卧，著衣吃饭处，屙屎放尿处，心心相顾，猛著精彩，守个无字，日久月深，打成一片，忽然心花顿发，悟佛祖之机，便不被天下老和尚舌头瞒。""看公案"即"参话头"。可见此法在唐代即流行。

禀语。六祖云：不思善，不思恶，正当与么时，还我明上座父母未生时面目来！明于言下忽然默契，便礼拜云：如人饮水，冷暖自知！"（见《大正藏》第 48 卷第 383 页下）按《传心法要》集成于唐大中十一年（857），比敦煌本《坛经》传抄的时间约早近百年，比契嵩本早一百九十九年，比看话禅提倡者宗杲的卒年早三百零六年，比宗宝本早四百三十四年。

在前面引用过的另一部禅宗史籍《祖堂集》（公元 952 年成书）卷二《弘忍和尚》、卷十八《仰山和尚》等处都提到过这则公案，其答问的语句同流通本《坛经》是基本一致的："行者（慧能当时尚未出家）见苦求，便即与说，先教石上端坐，静思静虑：不思善，不思恶，正与摩思不生时，还我本来明上座面目来！"

可见，大庾岭头惠明闻法得悟公案的内容，并非契嵩等人"硬塞进《坛经》里去的""私货"，也不是"看话禅"出现以后才有的"狂禅原话"，而恰恰是《坛经》的"曹溪原本"里固有的东西，所以它才有可能被唐代禅师们广泛地加以引用。笔者认为"不思善，不思恶"这个提法的本身，是与《金刚经》的"应无所住，而生其心"、《坛经》的"无念为宗"等观点一致的，是离言绝虑的无差别境界。

敦煌本《坛经》不是最古、最初的《坛经》，还可以提出若干问题来加以考察。但是，只要把有关历史和基本思想弄清楚了，证明在历史上确实有过"古本"《坛经》存在，敦煌本并非《坛经》的"最古"、"最初"的原本和"基础"，惠昕以下各本与敦煌本的某些内容不同，不是惠昕等人硬塞进《坛经》里去的"私货"，这样，本文的任务也就完成了，某些学者强加在惠昕、契嵩等人身上的"不白之冤"，也就"平反昭雪"了。

但是，笔者认为敦煌本《坛经》是经过"传宗"而"橘枳变体"的产物，这是否意味着一桩新的"冤案"正在产生呢？不会的，笔者自信所下判断都是有根有据、实事求是的。敦煌本《坛经》里有一个非常突出的特点，那就是一再强调要用《坛经》作为"南宗弟子""递相传授""以为禀承"的"依约"，被日本学者铃木大拙分为五十七节（《隋唐佛教》的作者说：敦煌本《坛经》"一卷，不分品目，但分五十七节"，似乎它原来就是如此；其实《大正藏》著录的敦煌本并未分节）的敦煌本《坛经》，一共有七节（即第一、三八、四七、五一、五五、五六、五七节）说到"不得《坛经》，即无禀受"、"无《坛经》禀承，非南宗弟子"这一类传宗嘱付的话，并且列有四代（惠昕本有五代）相传的人名。很难想象，在那些不重视文字的禅者辗转传抄的过程中，不发生随意取舍的情况。韦处厚之所以慨叹用"《坛经》传宗"的"习徒迷真"，使"橘枳变体"，不是没有根据的。

《坛经》敦煌本里有那么多"传宗禀受"的内容，也不是偶然产生的。慧能的南宗禅首先主要流传在广东、湖南、江西等地，随后又传播到长江、黄河流域。在南方几省南岳怀让和青原行思两系的许多大禅师传承不替，风行草偃，没有人出来否认他们的"法统"。但是，中原地区原是北宗禅盛行的地方，已立神秀为六祖、法如为七祖。神会一系在北宗禅化导的地区宣示南方宗旨，并进而确立慧能的祖位，又无"信物"（初祖至六祖都是传衣表信的），因此，他们就拿出《坛经》来作为"付法"的凭证。当时还没有发明印刷术，加上禅师们受了"诸佛妙理，非关文字"风气的影响，从实用的目的出发，就节略原本《坛经》的要义，"递相传授"，"以为禀承"的"依约"。敦煌本《坛经》就是当时作为"传法"用的许多同样的本子中被无意地保存下来的一种。当然，这样说，丝毫没有贬低敦煌本《坛经》的价值的含意，只是想说明一下不要"迷信"敦煌本。同时，像敦煌本那样的节略本《坛经》的出现，也是不足为奇的，僧徒为诵习方便起见，节抄佛经的事早已存在。

（原载 1982 年《法音》第二期）

三部敦煌《坛经》校本读后

李　申

　　自从本世纪二十年代，日本学者矢吹庆辉发现敦煌写本《坛经》（敦煌斯坦因本，简称斯本）以后，学界对《坛经》的研究开了个新生面。不久以后，铃木贞太郎（铃木大拙）依据兴圣寺本（惠昕本），校定敦煌写本，分章节，加标点，辨字形，改错字，补疏漏，删衍文，对于学术的贡献，为人称道。1983年，郭朋教授据铃木校本重校，不少地方能出新见，对敦煌本《坛经》的研究亦有贡献。郭校本并加注释，遂使敦煌本《坛经》为更多的读者所知、所懂。

　　1986年，敦煌博物馆收藏的另一写本《坛经》面世（敦博本），杨曾文教授据敦博本，在铃、郭二校本的基础上重加校定，亦有新见，特别是依据敦博本补上了原写本的几处疏漏，遂使斯本难解之处可解，未尽意处尽意。杨校本并附有《坛经敦博本的学术价值和关于坛经诸本演变、禅法思想的探讨》一文，使人们对敦博本和敦煌斯坦因本，可不假亲览而知其异同，关于《坛经》诸本演变部分，使人们对近代有关《坛经》版本的研究历程，有一概略了解。为初学者研究《坛经》版本，提供了方便。

1993年底，我应友人之约，译述《坛经》，以供学界以外读者之需，欲觅一善本作底本，因楼台近水，遂造访杨曾文教授。蒙杨慷慨，将其刚得到之近著《敦煌新本六祖坛经》一书之样书赠阅，使我得先睹杨教授之成果，感激之情，非言语可表。

我将三种校本与各自所据之原本写本对照，发现均有不少需重新校勘之处。对于佛教，我所知甚少，然自信一得之功，一孔之见，亦当有补于学术。且当仁不让师，临文不讳，先贤古训，言犹在耳。学术乃天下之公器，虽对于师长，亦不敢有所隐匿。于是不揣冒昧，直陈固陋。尚希为师长者谅之，内行而高明者正之。

一、顿失原意的"校改"

三校本不仅用意于校，而且主要着力于改。改不仅改原字，而且加以添、删，改、添、删的结果，使不少地方顿失原意。这样，在改错、纠谬的同时，又因处置失宜而造成新的错谬。举例如下：

例一　斯本第二章：大师不语，自心净神。

铃木：大师不语，自身净心。

郭校本据铃木，但加注道："惠昕本作'自净其心'，较通。"这就是说，在郭本看来，铃木将"自心净神"改为"自身净心"是不通的。

敦博本（简称博本）此句为"自净心神"，与斯本相近，说明敦煌所传此类本子，其意思是大体相同的。

据杜继文教授告知，有"神"还是无"神"，是佛教中的大事，去掉"神"字，其意大相迳庭，此处是不当随意改动原文的。

例二　斯本第二章：惠能慈父，本官范阳，左降迁……

铃木：惠能慈父，本贯范阳，左降迁……

郭本此处未从铃木，并加注道："本官范阳，意谓惠能的父亲原是在范阳作官的，且从下句'左降迁流岭南'看来，则'本官范阳'似乎更要通一些。"

在这里，郭的意见是对的。"本官……左降……"文从意顺。铃木据惠昕本改"官"为"贯"，遂使文不从而意不顺。

博本此处也是"本官范阳"。可知此类本子，就是认为惠能之父本在范阳作官。然而杨本仍然改"官"为"贯"，并加注道："其父曾作官，然未必在范阳作官。"依此推理，更应说：两种敦煌本都说能父在范阳作官，则能父定是在范阳作官，才较符合逻辑。"能父未必在范阳作官"一语，只可作自己一家之言，不应用来校改原文。

例三　第二章，斯本（博本同）：……遂领惠能至于官店……

　　铃、郭本：……遂令惠能送至于官店……

　　"领"为带领，"令……送……"为"命令……送去……"，或"使……送去……"，文义不同，不当以己意改动。

　　杨本未改此句，是对的。

　　例四　第三章，斯本（博本同）：（惠能见弘忍，自报身世后说）今故远来礼拜和尚，不求余物，唯求佛法作。

　　铃、杨本：唯求作佛法。

　　郭本：唯求作佛。

　　"佛"与"佛法"不是一个概念。"佛法作"改为"作佛法"还仅是语气、词序问题，不伤文义。"佛法作"改为"作佛"，遂使文义大变。我们在这里不好推测惠能此时到底讲了什么，语气如何，但随己意改动原文，实不可取。

　　郭本改为"作佛"以后并加注道："法字乃衍文。"然博本亦是"佛法作"，衍文之说，实根据不足，不当删去"法"字。

　　例五　第四章，斯本：福门何可救汝，汝总且归房自看（博本"救"作"求"）。

　　铃木：福何可救，汝等总且归房自看。

　　郭本：福门何可救汝，汝总且归房自看。

　　杨本：福门何可求？汝等总且归房自看。

　　此句乃五祖训门人之词。此句之前，有"汝等门人，终日供养，只求福田"语。因此，此句意为：求得的福田，怎能救得你们？依杨本，则意为：福田怎可求得？或：求福田有何用？依第一意，则福田虽可求得，但不能救人，变为福田不可求得，意思相反；依第二意，则杨文亦失去不能救人意，或虽有此意而不明确。

且敦煌《坛经》写本中，"汝"不仅作"你"，而且作"你们"。"汝总"，即"你们都……"义。铃木、杨本使两个"汝"字均属后一句，且改第二"汝"为"等"，成"汝等总"，则"等"、"总"之义相同，反为蛇足。此句博本之"求"，当系斯本"救"之误写，不当改第二"汝"为"等"。

例六　第五章，斯本（博本同）：门人得处分，却来各至自房，递相谓言："我等不须呈心用意作偈，将呈和尚。……"

铃、郭、杨本俱作：我等不须澄心用意作偈……

呈，恭敬献上。呈心，恭恭敬敬地把自己的心全部献上、献出。此种用法，该写本还有。第六章："若不呈心，修不得法。"此中表现了对祖师和佛法的恭敬与虔诚。澄心，则是静心宁神、清除杂念意。一字之改，文义遂变。

例七　十四章，斯本：一行三昧者，于一切时中，行住坐卧，常真真心是①。《净名经》云：真心是道场，真心是净土。……口说一行三昧，不行真心，非佛弟子。但行真心……

---

① 博本"真真"作"行真"，它皆同斯本。

名一行三昧。迷人著法相，执一行三昧，真心坐不动……

　　铃、郭、杨本：……常行直心是……直心是道场，直心是净土……不行直心……但行直心……直言坐不动。

　　直，相对者曲；真，相对者假。"直心"与"真心"，是两个概念。禅宗本不重经典，他们所讲述的，是自己的思想。若根据现代人的引文要求，据《净名经》原文校改《坛经》引文，进而又校改《坛经》在引文之外的概念，可说必定要失《坛经》原意，此处就是一例。《净名经》即《维摩经》，据鸠摩罗什自译自注，则直心即"诚心信佛法"意。僧肇也说是"心直则信固"，可见直心只是虔诚信仰的意思。而《坛经》的真心，却是真如、自性。真心和直心，其意义根本不同。至于三校本把最后之"真心"改为"直言"，则更是离题千里。"真心坐不动"，是讲静坐时执著于使真如本体之心不动。在《坛经》看来，这是"执一行三昧"，"此法同无情"，因而是"障道因缘"（十四章），而"直言坐不动"，则意为"径直说坐着不动"，那真如本体之心如何呢？不见了。原文讲的是心，改后讲的是身。心、身之别如何？识者当会知之。

　　据《坛经》敦煌写本，"真心"就是"本心"，就是"自性"，就是真如、佛性、佛、道场、净土。第三十五章："念念德（博本无"德"字）行平等真心，德即不轻。"三校本亦改为"直心"。第五十三章："若能身中自有真，有真即是成佛因。自不求真外觅佛，去觅总是大痴人。"更是明白指出身中之"真"。此"真"是清净法身，亦是真如佛性、真心，不当随意改换。

例八　十八章，斯本（博本同）：善知识！外离一切相，是无相。但能离相，性体清净……

铃、郭本：但离一切相。

杨本仍为"外离一切相"。

据杜继文先生意见，与"外离"相对，还有一个"内离"或"内证"的问题，"但离"与"外离"意义不同，不当改换。

例九　十八章，斯本（博本同）：无者无何事？念者何物？无者，离二相诸尘劳。真如是念之体，念是真如之用。

铃、杨本：念者念何物？无者离二相诸尘劳，念者念真如本性。真如是念之体……

郭本仅从铃木作"念者念何物"，未加"念者念真如本性"七字，且认为不加也可通。

"念者何物"，"念"为名词，与"相"、"住"同类。"念者念何物"，加一"念"字，使"念"成为动词。此处旨在解释"念"是什么，回答是"真如是念之体，念是真如之用"，不是在解释"念什么"。加"念者念真如本性"，遂使问题由"念是什么"，变为"念什么"，因而变了文义。

据杜继文先生意见，"无念"，本义为不动心，无分别。"念真如本性"，也属念的一种，为某些禅师所不取。

因此，此处不当加"念"字，也不当加"念者念真如本性"

七字。三校本均有失误，而郭本稍轻。

例十　十九章，斯本（博本同）：此法门中，坐禅元不著心，亦不著净，亦不言动。

铃、郭、杨本：……亦不言不动。

"不言动"改为"不言不动"，否定词一加，文义遂变。改者之所以加"不"，也是认为"不言动"与"不言不动"文义不同。然而敦博本里，也是"不言动"，可见此类本子就是"不言动"，而不是"不言不动"。至于"不言动"如何理解，自可据上下文推敲，但加一"不"字，就是强使古人从己。且此章下文即是"若不动者，见一切人过患，是性不动"，"迷人自身不动"，显然是言不动，并且把"性不动"和"身不动"加以区分，何来"不言不动"！

例十一　二十五章，斯本：莫定心坐，即落无既空。博本：莫定心禅，即落无记空。

铃、郭、杨本，"莫定"均作"若空"。

"莫定"与"若空"意义不同，改后遂失原意。据北京图书馆存敦煌写本《坛经》（简称北本），亦为"莫定心禅"。可见此类本子就是"莫定"，不当据他本改为"若空"。

此外，三校本改"莫"为"若"处还多，不一一列举。

例十二　三十一章，斯本（博本同）:《菩萨戒经》云：我本源自性清净。

杨本：……戒本源自性清净。

　　杨改"我"为"戒"，所据即《菩萨经》原文："一切众生戒，本源自性清净。"因为此处省去"一切众生"，故作"戒本源自性清净"。依此原则，杨在第二十章"本源自性清净"前加"戒"字，并注道："如校为'我本源自性清净'，不仅违背经文，也不通。大小乘皆把'我'看作是五蕴的和合，属无常法，把执着'我'的见解称'有身见'或'我'见，主张断除。"并认为："各本《坛经》的'我本源自性清净'中的'我'字，是误写或误传。"

　　依杨此说，大小乘皆无"我"，则《坛经》就不会有"我"，因此《坛经》中凡有"我"者，皆为"误写"、"误传"。那么，是谁"误写"？是谁"误传"？惠能？法海？还是他人？若非惠能、法海，又是谁人？证据何在？在这种地方，若据许多《坛经》版本都有"我"，因而得出结论说：有一类《坛经》就是有"我"，并据此探讨禅宗思想的演变、派别，岂不更为合理？实际上，北本也是"我本源自性清净"。

　　在这里，杨本又是依据今天的引文原则，要求《坛经》引文必须准确。又据佛教其他宗派的常识来纠正《坛经》的"错误"。无论对错是非，都不免是强古人以从己，改换了《坛经》写本之原貌。

　　例十三　三十五章，斯本（博本同）：只为下根说近，说远只缘上智。

　　铃、杨本：只为下根说远，说近只缘上智。

以近作远，以远作近，始于铃木校本。郭本批评铃本批改"有失原意"，杨本仍同铃本，就是再失原意了。

例十四　三十九章，斯本（博本同）：大师往漕溪山、韶、广二州行化四十余年。

铃、郭、杨本：大师住漕溪山，韶、广二州行化四十余年。

往，斯本写作"徃"。"徃"即"往"之异写。第二章"往黄梅……"，三十六章"愿往生西方"、"念佛往生难到"、"何须更愿往生"、"何须往生"等等，"往"均写作"徃"。铃木误以"徃"作"佳"，进而以"佳"为"住"。郭从铃误，因郭未见原文。杨不仅见到斯本原貌，且博本明写作"往"，杨则仍以"往"为"住"，就更不应该。

"往……（某地）……行化"，文从意顺。其某地可为一地，亦可为数地。"住……（某地）……行化"，不仅文字别扭，且住韶不能住广，住广不能住韶。改"往"为"住"，实是误认、妄改。

例十五　三十九章，斯本（博本同）：若不得《坛经》，即无禀受。须知法处、年月日、姓名，遍相付嘱。无《坛经》禀承，非南宗弟子也。

铃、郭、杨本：……递相付嘱。

"遍"相付嘱，是说惠能曾将《坛经》普遍向弟子们传授。上文说门人约有三五千人，都在这一个"遍"字之下，因而都得到了《坛经》传授，都是南宗弟子。改"遍"为"递"，就使这普遍的教授成为五祖传法式的秘传。有的学者认为《坛经》是惠能系祖师的印可证明，只把此书授予特定弟子，就与这以"遍"为"递"相关。

三十九章明显指出，惠能在韶、广二州行化四十余年，"若论宗旨，传授《坛经》"，即是说惠能在几十年里把《坛经》普遍向弟子们传授，那三五千弟子，应都得到了《坛经》，只有如此，才有南宗兴旺发达。若仅传于特定弟子，南宗如何能发展得恁般庞大！即或把《坛经》作法衣之事，在禅宗中果然存在，也决不会是普遍现象。

无论如何，改"遍"为"递"，都是一个强古人以从己的例子。

例十六　四十二章，斯本（博本同）：自性顿修，立有渐次（斯本"次"作"此"）。

铃、杨本：亦无渐次（铃木"次"作"契"）。

"立有"改为"亦无"，"有渐次"就成了"无渐次"。郭本于此处批评铃木，认为此句不改为宜，杨本仍沿袭铃木，以不宜为宜。

上述十六例，仅摘其要者。此外不必改而改，不当改而改，以至错、漏、误、增、删，甚或导致变更文义者，亦有百余条左右。百余条之中，其增删改动有非常显著者，除例九所说增"念者念真如本性"一句外，还有：

1. 二十五章，斯本（博本同）：即落无记（既）空，能含日月星辰……

杨本：即落无记空，世界虚空能含日月星辰……

加"世界虚空"一句四字。

2. 二十九章，斯本（博本同）：……阎浮提如漂草叶。

铃、杨二本：……阎浮提，城邑聚落，悉皆漂流，如漂草叶。

加"城邑聚落，悉皆漂流"八字。

3. 三十五章，斯本（博本同）：使君问：法可不……

杨本：使君问：和尚所说法，可不……

加"和尚所说"一句四字。

4. 三十五章，斯本（博本同）：自法性有功德，平直是……

杨本：自法性有功德，见性是功，平直是……

加"见性是功"四字。

5. 四十六章，斯本（博本同）：言语与法相（对）有十二对①，内外境有无五对，三身有三对，都合成三十六对……

杨本：言语法相对有十二对，外境无情有五对，自性居起用有十九对，都合成……

此处大删大改，达十八字。铃木、郭本未大删改。

6. 四十六章，斯本（博本同）：暗不自暗，以明故暗。暗

---

① 对，博本有，而斯本无。

不自暗，以明变暗。

杨本：暗不自暗，以明故暗。明不自明，以暗故明，以明变暗……

改"暗不自暗"为"明不自明"，加"以暗故明"四字。

至于严重疏漏，则铃木本第三十二章漏"各自观心"一句四字，杨本则于四十三章后漏"大师言，即佛行是佛。其时听人，无不悟者"一段四句十六字。

其他误漏及不必改而改者，请参阅附表，不再列举。

二、校改思想上的矛盾

三位校改者都认为，《坛经》有一个原本，而敦煌写本就是原本，或接近原本。现在所见的其他本子，都是在原本敦煌写本的基础上增篡而成。这个思想，以郭朋教授所讲最为明白。

在 1981 年由齐鲁书社出版的《坛经对勘》中，郭教授就直称敦煌斯坦因本为法海本，并认为这是"惠能当时"的本子，其成书时间在中唐。1983 年，郭朋教授的《坛经校释》由中华书局出版，在序言中，作者仍然直认敦煌斯坦因本即法海本，并且认为："法海本《坛经》，基本上确可以说是惠能语录。""确实可以把它当作惠能的思想'实录'来看待。"

作者从各本字数及成书时间两个方面进行考察。从字数上说，法海本一万二千字，惠昕本一万四千字，契嵩、宗宝本均在二万字以上。从时间上说，法海本在唐代，惠昕本在晚唐或宋初，契嵩本在北宋，宗宝本在元代。作者由此得出结论：
"时间愈晚，字数愈多。这一情况清楚表明，愈是晚出的《坛
经》，就窜改愈多，就愈多私货。"作者还指出："即使在被
公认为'最古'的法海本《坛经》里，也已经有了不少为后人
所加进去的东西，更何况晚出的《坛经》。"

杨曾文教授持有和郭朋教授大同小异的意见，他认为《坛
经》最早有一原本，原本分化为敦煌原本和惠昕原本。敦煌原
本分化为敦煌斯坦因本、敦博本等；惠昕原本分化为惠昕本
和契嵩本，由惠昕本和契嵩本再分化出其他本子。依杨曾文教
授意见，则惠昕本不仅比敦煌本（敦煌斯坦因本或敦博本）晚
出，而且属于不同的系统。

于是就发生一个问题：可以用这晚出且经过篡改的、或属
于不同系统的本子去校改敦煌本吗？

然而三校本校改敦煌本，其根据主要就是这晚出的、经过
篡改的、又属于不同系统的惠昕本。

依杨曾文教授介绍，日本最早研究《坛经》的学者是松本
文三郎。敦煌斯坦因本《坛经》公布后，松本于1932年写了
《六祖坛经的书志学研究》，后改题为《六祖坛经的研究》，
收入1944年创元社出版的《佛教史杂考》。在对几种《坛经》
版本进行比较以后，松本认为《坛经》似乎是惠能系祖师们授
予弟子的印可证明，并且只授予特定弟子。因此，敦煌斯坦因
本是天下孤本，并且与惠昕系的兴圣寺本相距不远，可以据兴

圣寺本对敦煌本进行校勘。杨曾文教授介绍完之后认为，松本的观点："为利用兴圣寺本校勘敦煌本《坛经》，提供了理论根据。"（190页）

我们不知道松本的"理论"为什么就可以作为用兴圣寺本校勘敦煌本的"根据"？

古籍在流传中，每转抄或再版一次，就有可能多一层鲁鱼、亥豕式的错误，所以学者们多盼望古本出世，并且是越古越好，以便作为校正后出的本子的依据。既认为敦煌本为最近原貌之本，就不当以后出之本作校勘先出之本的依据。

敦煌斯坦因本是一部抄写质量低劣的本子，错、别、异体字比比皆是。借助和它时间相距不远的本子来阅读它，使它可以读通，并借以改正那些错、别、异体字等，在没有其它本子可以参照的时候，这样做也未尝不可。然而必须明白，这毕竟是一种不得已的办法，于校勘时就必须格外小心，能不改的地方，尽可能地不改，尽可能地以保持原貌为宜。即使如此，也免不了出现强古人以从己的问题。至于再进一步，根据后起的本子或自己的理解，在原文可以读通的地方，认为其意思不该是这样，而应该是那样，从而对原字、原句进行改正增删，几乎可说是非出错不可。

铃木校本，就是在认为敦煌斯坦因本是孤本的情况下问世的。在当时，没有其他本子可以参照，因此，以后起的兴圣寺本校勘敦煌斯坦因本，可说是唯一可行的方法。从这个意义上说，松本的理论可以作为依据。然而，"依据"只能到改正错别异体字为止。如果再进一步，涉及原文内容，那么，用兴圣寺本改敦煌本，可以说是本末倒置。

铃木校本利用兴圣寺本，改正了敦煌斯坦因本的一些错字，这是对学术的贡献；然后又进一步校改了敦煌斯坦因本的内容，如将"本官范阳"改为"本贯范阳"，将"遍相付嘱"改为"递相付嘱"，这就使校改成了对原文的篡改。

如果认为敦煌本最早，最接近原貌，那就应以敦煌本为依据，将后来各本的"本贯范阳"改成"本官范阳"，"递相付嘱"改为"遍相付嘱"，这样做恰当与否，尚可讨论，但总比用后出的校改先出的要好。

铃木校本名叫《敦煌出土六祖坛经》。其目的，应是恢复这个抄本所据底本的原貌。然而由于他据兴圣寺本校改了原文的内容，这就破坏了敦煌斯坦因本的原貌、原意。因此，铃木校本就不能仅称"敦煌……坛经"，因为它已不是原貌，而是像其他版本一样，成为一新的版本：铃木版本。

用惠昕系统的兴圣寺本校改敦煌斯坦因本的内容，是铃木校本的最大失误。

不过对于铃木，这样的失误还是可以谅解的。因为当时敦煌斯坦因本确实是个孤本，在铃木看来，像"本官范阳"、"遍相付嘱"之类，当是抄写者的笔误。然而谅解归谅解，失误仍然是失误。

郭校本以铃木本为底本，并且纠正了铃木的一些失误，比如保持了“本官范阳”的原貌等等，同时也作出了一些新的改动，如将“佛法作”改为“作佛”等等，一面恢复了某些原貌，一面又继续过多地破坏原貌，从而使郭本在保持敦煌斯坦因本的原貌这个问题上，功过相抵。

郭校本最大的失误，是未能根据写本原貌，而以铃木校本为底本。以致铃木本误认、误漏之处，仍然沿袭，并且又增加了新的误漏。郭本虽然注明，据他本尚有“各自观心”四字，但终因未见原写本，而未便加上。未便加上是可以理解的，但不据原件却是不能被原谅的。因为郭本出于1981年和1983年，当时敦煌写本出世已六十年，日本柳田圣山所编《六祖坛经诸本集成》已于1976年出版。郭本却未去寻觅写本原貌，而是以铃木本为底本，校译后匆匆交中华书局付印。1986年重印，郭本仍未能据原写本改正失误，使谬误继续流传，这就更加不应该了。

郭本在序言中援引清初王起隆的话，严厉谴责后人，特别是元朝僧人宗宝对《坛经》的窜改。王起隆的话无非是说明，在宗教界，认为保持古籍原貌是多么重要！为了使信徒们不随意窜改古籍，宗教界借助了宗教的虔诚，甚至宗教的惩罚。对于我们没有宗教信仰的人，虽然不必借助宗教的虔诚，但在要保持古籍原貌的问题上，我们和宗教界的要求却完全一致。在这里，郭校本过多地注意了王起隆对宗宝的谴责，却未能进一步理解这种谴责的实质，因而也未能着重论述保持古籍原貌的必要性，并且自己继续对古籍进行字句改换，而且有些改换，失了原意，有些则完全没有必要，如将"不画变相也"改成"不画变相了"之类。

郭校本还有一个矛盾，就是他对惠能思想的认识，不能和他的校勘实际相一致。该校本在序言中反复申明，惠能的思想，是"真心"一元论。然而，该校本却在被认为是惠能思想实录的《坛经》里，把所有的"真心"这个概念改成"直心"，甚至改成"直言"。那么，惠能的"真心"一元论，又表现在什么地方呢？

郭本《坛经校释》问世十年以后，杨曾文教授的《敦煌新本六祖坛经》问世了。所谓敦煌新本，就是新发现的敦博本。这时，敦煌斯坦因本不再是孤本，这两个敦煌写本的内容几乎完全一样，只有个别字句不同。在一些关键问题上，二本又多一致，如"本官范阳"、"遍相付嘱"等。杨校本据二本内容认为，二写本出于同一原本。依据这个认识，就应该将二写本互相参照，校出一个较接近二本所据原本的本子来，然而杨本却仍然沿袭以往的校勘思想，主要以惠昕本为依据来校勘敦博本。而且杨本比铃木本、郭本更为勇迈，有两处大改，铃木本、郭本仅提出了意见而未敢轻改，杨本却将铃木、郭的意见付诸实践。

同铃木本、郭本相比，杨本的一大缺点是粗心。铃木是日本学者，对汉字有些误认，如认"劝"为"欢"，认"痴"为"疑"，认异写的"往"为"佳"，进而以"佳"为"住"，虽是错误，却有三分可谅。而杨本的有些误认，却是由于粗心，比如"如水永长流"，敦博本之"永"字，明明白白，只是字中横折之横较短，而折还是明显可辨，折上一点也十分清晰，然杨本竟认"永"为"水"，并进而据铃木本改"水"为"承"，即"如水承长流"。实际上，敦煌斯坦因本也是"永"，只是抄写不工，将上头一点变成了横折，水的两个折角都插入写弯了的竖勾，极像"承"字，但和该抄本其他承字相比，则明显没有三横的痕迹。如单据斯坦因本，此字极易误认为"承"，若参以敦博本，则无论如何不该认错。还有所谓"往"漕溪山，敦博本明明是"往"，杨本却仍据铃木本之误，改"往"为"住"。经文最后，有"违立不得者"一句，铃木错以"违"为"达"，敦博本"违"字非常明显，杨本却又将斯本之"违"认作"达"，成"达立不得者"，在这些地方，我们不能不抱以深深的遗憾！

三、敦煌本《坛经》校勘原则试议

郭朋教授在《坛经校释》序言中称：

> 法海本《坛经》，基本上确可以说是惠能《语录》（因而确实可以把它当作惠能的思想"实录"来看待）。至于惠昕以后的各本《坛经》，从"惠能的《坛经》"这一角度（如果它不是"惠能的《坛经》"而是"禅宗的《坛经》"，

自然另当别论）说来，就不能不说它们在不少方面同惠能的思想是颇不相同的。

郭朋教授在这里区别了"惠能的"《坛经》和"禅宗的"《坛经》，也区别了"惠能的"思想和"禅宗的"思想，旨在说明，敦煌本《坛经》乃是实录惠能思想的"惠能的"《坛经》，而其他《坛经》则经过了禅宗僧人的许多篡改，因而只是"禅宗的"《坛经》，不能反映惠能的思想。比如"本来无一物"这句偈语，就决不是惠能的思想。

至于哪些是惠能的思想，哪些不是惠能的思想，当有专门的讨论，这里我们仅仅提出这样的问题：如何判断哪些是惠能的思想？其根据是什么？在见到敦煌本以前，我们的根据只能是那些被认为是经禅宗僧人篡改了的、歪曲了的思想资料。依据这些被篡改、被歪曲了的思想资料，去判断哪是惠能思想，哪不是惠能思想，可靠吗？这好比用一把弯曲了的尺子去量布，尺子本身就弯，量得结果能准确吗？

见到敦煌本以后，情况有了根本改变，我们可以根据敦煌本为"尺"，来进行衡量，合于敦煌本的，就是惠能的思想，不合，就不是。那么，敦煌本有没有资格作这样的"尺子"呢？

人们论及《坛经》被人改换，常引惠能弟子惠忠的话：

> 吾比游方，多见此色，近尤盛矣。聚却三五百众，目视云汉，云是南方宗旨，把他《坛经》改换，添糅鄙谈，削除圣意，惑乱后徒，岂成言教？苦哉！吾宗丧矣。

惠忠的话，见于《景德传灯录》，距惠能、惠忠已有二三百年。此话是否确为惠忠所说，如同《坛经》是否确为惠能所说一样，其可靠程度大致相同。

即使惠忠的话为真，敦煌本能否作为确定是否惠能思想的标准呢？据杜继文《中国禅宗通史》第179页：

> 惠忠批评南宗集中于两点：一是提倡身坏神不灭的"外道"说；二是无情无佛性说。这两点都是荷泽系的思想，也都反映于敦煌本中。

比如，第二十一章，讲完自归依三身佛后说："皮肉是色身，〔是〕舍宅，不在归〔依〕也。"色身不在归依之列，自是灭坏之数。而性是"无生无灭"的（第四十八章）。第四十八章的《真假动静偈》："……若修不动行，同无情不动。若见真不动，动上有不动。不动是不动，无情无佛种。""无佛种"，也就是"无佛性"。把有情、无情严格对立起来，还见于第十四、四十四、四十九章里。因此，"无情无佛性"说和类似"身坏神不灭"说，并非敦煌本《坛经》的个别言论，乃是该本的基本思想之一。若依惠忠的话，则敦煌本《坛经》就没有资格作为判断哪是惠能思想的标准。也就是说，敦煌本《坛经》并不能作为惠能的思想实录看待。

那么，敦煌本所无、其他本所有的思想，是否就不是惠能的思想呢？

比如争议最多的"本来无一物"偈语，据杜继文教授考察，希运曾用此偈证成自己"本即无物"的命题。杜因此断定，"本来无一物"的偈语，"决不是惠昕带头妄加，更可能是惠忠所认可的原本所有"[①]。还有著名的"风幡之辨"，不见于敦煌本《坛经》，却见于《历代法宝记》。《历代法宝记》的成书不晚于敦煌本《坛经》，有没有根据否认《历代法宝记》所述的真实性呢？至于见于禅宗各家、各派文献之中，此有彼无、此无彼有的惠能言行，我们有没有办法去分别其中真伪呢？以什么为根据、作标准呢？

据敦煌本《坛经》第三十九章，"大师往漕溪山、韶、广二州，行化四十余年"，"若论宗旨，传授《坛经》"，那么，敦煌本《坛经》中所说的《坛经》，当不包括惠能与志诚、法达等弟子的问答，至少不包括惠能的临终付嘱。如果加上现代人的考证，则传法与传法偈，均未必真实，则只有第十三章至三十七章为惠能《坛经》了。

过去也曾有人把惠能《坛经》限定于极其狭小的范围，不过未得学界承认罢了[②]。

日本柳田圣山所编《六祖坛经诸本集成》中，收有一个"流布本"，系万历甲申年（1584年）抄本，该本《付嘱第十》标题之下，有一行小字道："空谷云，此下七百七十九

---

① 杜继文、魏道儒《中国禅宗通史》，第180页，江苏古籍出版社，1993年。
② 参阅宇井伯寿《第二禅宗史研究》，日本岩波书店，昭和十七年（1942年）。胡适《禅宗史的一个新看法》，载柳田圣山编《胡适禅学案》，中文出版社，1981年。

字，是金天教人伪造邪言，刊板增入。"空谷所说的金天教邪言，就是惠能付嘱弟子的三十六对法。而这七百七十九字的三十六对法，则是敦煌本《坛经》的重要内容。若依空谷的意见，则敦煌本也决非接近原本的版本，更不会是惠能思想的实录。

据《景德传灯录》所载惠忠的话，当时对《坛经》的改换包括两个方面：一面是"添糅鄙谈"，一面是"削除圣意"。然而论者多注意前者，指责从惠昕本开始，字数加多，是有人加进了"私货"；却少有人注意，惠忠同时也指责有人"削除圣意"。但在历史上，情形则恰好相反，几乎无人承认自己曾对《坛经》有所增加，却有人承认自己曾对《坛经》有所删削。惠昕说：

> 我六祖大师，广为学徒直说见性法门，总令自悟成佛，目曰《坛经》，流传后学。

> 古本文繁，披览之徒，初忻后厌。

于是他对这"文繁"的原本进行了删削。

依当代一些学者所说，惠昕一万四千字的《坛经》，是在原本基础上添了"私货"。依惠昕所说，则他的一万四千字的《坛经》，是对文繁古本的删削，我们有没有根据否定惠昕的自白？

依郎简序，契嵩本只是恢复了古本原貌，我们又有什么根据否定郎简所说是实？

鉴于上述情况，有人提出了一个正相反对的意见，认为《坛经》的发展，不是由简到繁、文字逐渐增多的过程，而是先由繁到简、再由简到繁的过程。依据这种意见，则敦煌本《坛经》仅是文繁原本的节本[①]。

经，是佛的言行录。《坛经》，就是六祖惠能的言行录。反过来说，惠能大师的言行都是经。惠能不是世俗的皇帝，无专人为他作起居录。惠能的言行，存在于弟子们的记忆中。惠能传道弘法数十年，任何弟子都无法周知惠能的一切。其间的详略、出入，不仅在情理之中，而且是一种必然。数十年间，弟子们有来有往，来者受法，往者也就带走了所受之法。惠能不立文字，主张以心传心。往者所带走的，往往只有自己知道。由于中国版图广大，交通不便，弟子们又各立宗派，甚至相互冰炭水火。在这种情况下，要把惠能的重要言行都收集起来，写成统一的《坛经》，短时期内，几乎是不可能的。这需要上百、甚至数百年的时间。其他佛经如此，《坛经》也是如此。经中所载，都是弟子们、甚至弟子的弟子们"如是我闻"的内容。作为后人，我们无法判定哪些"如是我闻"为真，哪些"如是我闻"为假。在这里，最忌自立一个标准，把某些说成是真，奉为经典；斥另一些是伪，逐出佛门。这样做，十个有十个不会成功。

---

① 见本书附录：拾文《〈敦煌写本坛经〉是"最初"的〈坛经〉吗？》，原载1982年《法音》第二期。

　　敦煌《坛经》说："此《坛经》，法海上座集。"这是认敦煌《坛经》为法海所集的惠能大师思想实录的重要根据。然而就是这同一部敦煌《坛经》，又说："十僧得教授已，写为《坛经》，递代流行，得者必当见性。"那么，法海之外的其他九僧，应都写有自己的《坛经》，我们据此也不当仅以敦煌《坛经》为真，而以其他《坛经》为伪。

　　《坛经》版本之多，使人感到杂乱而无所适从。其实，古人之乱并不是乱，而适足见其丰富；而今人若凭己意改换经文，才是真正的乱，是乱上添乱，于学术研究有损而无益。

　　如何处理这不同的版本，有的宗教已作出了榜样。基督教《圣经》就给予四种福音书以同等的地位，比如《约翰福音》，就没有童贞女生耶稣的记载。

　　《坛经》的版本，正好也是四类，我们没有权力在其间分高下真伪，而应该给予它们以同等的地位。

　　依据这个原则，笔者将现在已知的敦煌四个抄本相互对照，校出一个完整的敦煌本来。校勘的原则，只限于改正明显的误字。凡不改可通、而各本又有不同的字句，则尽量两存，以少失原貌。凡铃木、郭、杨三校本已有之成果，尽量汲取，如分章仍依铃木本等。承蒙杜继文、方广锠、赖永海、秦惠彬、张新鹰、李曦诸师友同仁，或不吝赐教，或译介资料，或提供资料，特此致谢，言不尽意。

附表一：不当改而改者（一九九四年一月至三月）

序号	正　文	序号	正　文
1 例一	二章：自心净神 铃、郭本：自身净心	8 例五	四章：福门何可救汝，汝总且归房自看（斯） 福门何可求汝，汝总且归房自看（博） 铃：福何可救，汝等总且归房自看 郭：福门何可救汝，汝总且归房自看 杨：福门何可求？汝等总且归房自看
2 例二	二章：本官范阳，左降迁 …… 铃、杨：本贯范阳，左降迁 ……	9 例六	五章：我等不须呈心用意作偈 铃、郭、杨：我等不须澄心用意作偈
3 例三	二章：遂领惠能至于官店 铃、郭：遂令惠能送至于官店	10	五章：请不用作 铃、郭、杨：偈不用作
4 例四	三章：唯求佛法作 铃、杨：唯求作佛法 郭：唯求作佛	11	五章：欲画楞伽变 铃、郭、杨：欲画楞伽变相
5	三章：大师欲更共议 郭：大师欲更共语	12	六章：五祖如何得见我心中见解深浅 郭：五祖如何见得我心中见解深浅
6	三章：遂差惠能于碓坊 郭：遂遣惠能于碓坊	13	六章：我将心偈上五祖呈意，即善求法 铃、郭、杨：……求法即善
7	四章：汝等自性迷 铃、郭：汝等自性若迷	14	七章：遂唤卢供奉来南廊下画楞伽变 铃、郭：遂唤卢供奉来南廊下画楞伽变相

序号	正　文	序号	正　文
15	七章：不画变相也 郭：不画变相了	22 例七	十四章：真心坐不动 铃、郭、杨：直言坐不动
16	七章：依此修行，不堕三恶 铃、郭、杨：依此修行，不堕三恶道	23	十四章：从此置功 杨：从此致功
17	九章：法以心传心 杨：法即以心传心	24	十六章：识自本，是见本性 铃、郭：自识本心，自见本性
18	十一章：惠能即还法衣，又不肯取。"我故远来求法……" 铃、杨：……又不肯取，言："我故远来求法……"	25	十七章：于一切法上念念不住，即无缚也，以无住为本 铃、郭、杨：此是以无住为本
19	十三章：第一勿迷言慧定别 铃、郭、杨：第一勿迷言定慧别	26 例八	十八章：外离一切相，是无相 铃、郭：但离一切相，是无相
20 例七	十四章：常真真心是（斯） 　　　　常行真心是（博） 铃、郭、杨：常行直心是	27 例九	十八章：无者无何事，念者何物？无者，离二相诸尘劳。真如是念之体…… 铃、杨：……念者念何物？无者离二相诸尘劳，念者念真如本性，真如是念之体…… 郭：……念者念何物……
21 例七	十四章：真心是道场，真心是净土……不行真心……但行真心 铃、郭、杨：直心是道场，直心是净土……不行直心……但行直心	28	十八章：性起念 铃、郭、杨：自性起念

序号	正　文	序号	正　文
29 例十	十九章：此法门中，坐禅元不著心，亦不著净，亦不言动 铃、郭、杨：……亦不言不动	36	二一章：色身是舍宅 铃、郭：色身者是舍宅
30	十九章：心起看净 郭：触境即乱	37	二一章：何名清净身佛 铃、郭、杨：何名清净法身佛
31	十九章：故知看者看却是妄也 铃、郭、杨：故知看者却是妄也	38	二一章：知如是，一切法尽在自性 铃、郭：如是，……
32	十九章：若不动者 铃、郭、杨：若修不动者	39	二一章：世人性净，犹如清天 郭：……犹如青天
33	二十章：外若有相，内性不乱 铃、郭、杨：外若著相，内心即乱，外若离相，内性不乱	40	二一章：一智能灭万年愚 铃、郭：一智惠能灭万年愚
34	二十章：《菩萨戒》云…… 铃、郭、杨：《菩萨戒经》云……	41	二一章：一念恶，报却千年善心 铃、郭、杨：一念恶，报却千年善亡
35	二十章：本源自性清净 铃：我本元自性清净 郭：本元自性清净 杨：戒本源自性清净	42	二一章：皮肉是色身，是舍宅（斯） 皮肉是色身，舍宅（博） 铃、郭、杨：皮肉是色身，色身是舍宅

序号	正　文	序号	正　文
43	二一章：不在归依也（斯） 不在归也（博） 铃、郭、杨：不言归依也	50	二五章：唐言大智慧彼岸到 杨：唐言大智慧到彼岸
44	二二章：斯本：邪见正度 博本：（缺此四字） 铃、郭：邪来正度 杨：邪来正度①	51 例 十 一	二五章：莫定心坐（斯） 莫定心禅（博） 铃、郭：若空心坐 杨：若空心禅
45	二三章：说与善知识无相 忏悔，三世罪障 郭：与善知识说无相忏悔， 三世罪障 铃、杨：说与善知识无相 忏悔，灭三世罪障	52	二五章：能含日月星辰 铃、郭：虚空能含日月星辰 杨：世界虚空，能含日月星 辰
46	二三章：何名忏悔者？终身 不作 铃、郭：何名忏者？忏者， 终身不为 杨：何名忏悔？忏者，终身 不作	53	二六章：由如虚空 郭、杨：犹如虚空
47	二三章：除却从前疾垢心 铃、郭、杨：除却从前嫉妒 心	54	二六章：莫口空说 杨：若空口说
48	二四章：凡夫解，从日至 日，受……（斯） 凡夫解脱，从日至日， 受……（北） 铃、郭、杨：凡夫不解， 从……	55	二七章：一时中念念…… 铃、郭、杨：一切时中念念
49	二四章：自性不归，无所 处 铃、郭、杨：自性不归，无 所依处	56	二七章：心中常愚，我修般 若 铃、郭、杨：世人心中常 愚，自言我修般若

———————

①　杨自注据敦煌本，实据铃木校本。

序号	正　文	序号	正　文
57	二七章：无形相 铃、郭、杨：般若无形相	65	三十章：犹如大地草木根性自少者 铃、郭、杨：……自小者
58	二七章：言彼岸到（斯） 唐言彼岸到（博） 杨：唐言到彼岸	66	三十章：闻其顿教，不信外修 铃、郭、杨：闻其顿教，不假外修
59	二七章：即是于此岸 铃、郭、杨：即是为此岸	67	三十章：心修此行 铃、郭：能修此行
60	二七章：三世诸佛从中变三毒为戒定慧 杨：三世诸佛从中出，变三毒为戒定慧	68	三一章：一切经书及文字 铃、郭：一切经书及诸文字
61	二八章：我此法门，从八万四千智慧 铃、郭、杨：……从一般若生八万四千智慧	69	三一章：我若无智人，一切万法本无不有（斯） 我若无智人，一切万法本亦不有（博） 铃、郭、杨：若无世人……
62	二九章：少根智人若闻法 郭：小根智人，若闻此法 杨：小根智人若闻法	70	三一章：问迷人于智者，智人与愚人说法，令使愚者…… 铃、郭、杨：迷人问于智者……令彼愚者……
63	二九章：……阎浮提，如漂草叶 铃、杨：……阎浮提，城邑聚落，悉皆漂流，如漂草叶	71 例十二	三一章：我本源自性清净 铃、郭：我本元自性清净 杨：戒本源自性清净
64	三十章：少根之人 杨：小根之人	72	三一章：识心见性，自成佛道。即时豁然，还得本心。 铃、郭：……自成佛道。《维摩经》云：即时豁然…… 杨：……自成佛道。《净名经》云：即是……

序号	正　文	序号	正　文
73	三二章：所为化道，令得见佛 铃、郭、杨：所为化道，令得见性	81	三五章：达摩大师代梁武帝问达摩 铃、郭、杨：达摩大师化梁武帝，帝问达摩
74	三二章：外善知识即有教授 铃、郭、杨：外善知识即有教授，救不可得	82	三五章：平直是德、佛性（斯） 平直是佛性（博） 铃、郭、杨：平直是德，内见佛性
75	三二章：莫百物不思 铃、郭、杨：若百物不思	83	三五章：自法性有功德，平直是…… 杨：自法性有功德，见性是功，平直是……
76	三四章：心中三业元来在 铃、郭、杨：心中三恶元来造	84	三五章：念念德行平等真心（斯） 念念行平等真心（博） 铃、郭、杨：……平等直心
77	三四章：即与悟人同一例 铃、郭、杨：即与悟人同一类	85 例 十三	三六章：只为下根说近，说远只缘上智 铃、杨：只为下根说远，说近只缘上智
78	三四章：虔诚合掌志心求 铃、郭、杨：虔诚合掌至心求	86	三六章：人自两重（斯） 人自两种（博） 铃、郭、杨：人有两种
79	三五章：弟子当有少疑 铃、郭：弟子今有少疑 杨：弟子尝有少疑	87	三六章：东方但净心无罪，西方心不净有愆 铃、郭：东方人…… 杨：东方人但净心即无罪，西方人心不净亦有愆
80	三五章：使君问：法可不…… 杨：使君问：和尚所说法，可不……	88	三六章：使君礼拜："若此得见……" 郭：使君礼拜，曰："若此得见……" 杨：使君礼拜，言："若此得见……

序号	正　文	序号	正　文
89	三六章：施大智慧光明 铃、郭：放大智慧光明	95 例 十五	三九章：遍相付嘱 铃、郭、杨：递相付嘱
90	三六章：照三毒若除 铃：自性内照，三毒若除 郭：三毒若除	96	四十章：世人尽传南宗能北秀 铃：世人尽言南能北秀 郭、杨：世人尽传南能北秀
91	三七章：常与惠能说一处无别 铃、郭、杨：常与惠能一处无别	97	四二章：心地无疑非，自性戒心地无乱，是自性定心地无痴，自性是慧。能大师言……（斯） ……心地无痴，是自性慧。大师言……（博） 铃、郭：心地无非自性戒，心地无乱自性定，心地无痴自性慧。惠能大师言…… 杨：心地无非自性戒，心地无乱自性定，心地无痴自性慧。大师言……
92	三七章：静性于妄中 铃、郭：净性在妄中	98 例 十六	四二章：自性顿修，立有渐此（斯） 自性顿修，立有渐次（博） 铃：自性顿修，亦无渐契 杨：自性顿修，亦无渐次
93	三七章：常现在己过 铃、郭：常见自己过 杨：常见在己过	99	四三章：弟子常诵《妙法华经》…… 杨：弟子尝诵《妙法华经》……
94 例 十四	三九章：大师往漕溪山、韶、广二州行化…… 铃、郭、杨：大师住漕溪山、韶、广二州行化……	100	四三章：经上无痴，汝心自邪 铃、杨：经上无疑，汝心自疑，汝心自邪 郭：经上无疑，汝心自邪

序号	正　文	序号	正　文
101	四三章：大师："法达，汝听……" 铃、郭、杨：大师言："法达，汝听……"	109	四五章：出语尽双，皆取法对 铃、杨：出语尽双，皆取对法
102	四三章：法如何解？此法如何修？ 铃、郭、杨：此法如何解？此法如何修？	110	四六章：语与言对，法与相对 铃、杨：语与法相对
103	四三章：开示悟入，上一处入 铃、郭、杨：开示悟入，以一处入	111	四六章：自性居起用对 铃、郭：自性起用对
104	四三章：世人心愚迷造恶 铃、郭、杨：世人心邪，愚迷造恶	112	四六章：言语与法相对法（斯） 言语与法相对（博） 杨：语言法相对
105	四四章：吾亦见，常见自过患 铃、郭、杨：吾亦见者，常见……	113	四六章：内外境有无五对，三身有三对…… 杨：外境无情有五对，自性居起用有十九对……
106	四四章：即同凡，即起于恨 铃、郭、杨：即同凡夫，即起于恨	114	四六章：暗不自暗，以明变暗 杨：明不自明，以暗故明，以明变暗
107	四四章：更不言 铃、郭、杨：更不敢言	115	五一章：毗罗长者 铃、郭：毗罗尊者
108	四四章：问吾见否 杨：乃问吾见否	116	五三章：即非圣法 铃、郭：即非正法

序号	正　文	序号	正　文
117	五三章：无是无非无住 铃、郭、杨：无是无非，无 住无往	119	五三章：大师云此语已 铃、杨：大师言此语已
118	五三章：汝违教法 郭：汝违吾教	120	五七章：共传无住 杨：共传无住法

附表二：铃木校本漏字及误认字（原本为敦煌斯坦因本）①

章次	原文	误漏
一	刺史遂令门人僧法海集记	漏"僧"字
二十	何名为千百亿化身佛	漏"为"、"佛"
三一	……各自观心	漏"各自观心"
四十	秀师遂唤门人僧志诚曰	漏"遂"、"僧"
四八	合掌令劝善	误认"劝"为"欢"
五三	但依法修行	漏"法"

附表三：郭本误漏②

章次	原文	误漏
十七	法身即是离色身	漏"是"
二一	今既自归依三身佛已	漏"自"
二七	即自是真如性	漏"自"

---

①　分章依铃木校本。

②　郭本以铃木本为底本，凡铃木所漏，郭均照从，在铃木本漏字之外，郭又有所漏，故列附表三。

章次	原文	误漏
三六	在家若修行	漏"行"
四一	彼作如是说	漏"如"
四八	法海等众僧闻已	漏"众僧"
三九	法无渐顿	误为"顿渐"

附表四：杨本误漏①

页次	原文	误漏
11	童子答能曰	漏"能曰"
47	门人僧志诚	漏"僧"
37	可不如是	漏"如"
52	大师言即佛行是佛其时听人无不悟者	一段十六字全漏
27	如水永长流	误认"永"为"水"
46	依约	以"约"为"幼"
46	修不免净	认"修"作"终"
74	违立	认斯本"违"作"达"

　　该表包括：原文可通，无必要改动的，及改动后失原意或变了文风的。引用原文指敦煌斯坦因本及敦博本，仅在二本不同处附注。

---

① 页码依杨校本《敦煌新本六祖坛经》，上海古籍出版社，1993 年。

除上表所列，各本都还有一些误、漏、增、改之处，颇费商议，兹不多赘。

至于杨本，则在铃木、郭已校改之处，仍往往仅注"据惠昕本改"，如附表一所列第13、16、19、29、42、46、63、85、95、118、120等就是。在这些地方，最好注"依铃木本或郭本"，既可避掠美之嫌，亦可免代人受过。

有些字，敦煌斯坦因本已有，杨本仍注据惠昕本改。如第四十六章"入内于离空"（敦博本），"入内于空离空"（斯本），杨校作"于空离空"，仅注据惠昕本改，此处不如依敦煌斯坦因本为宜。这样的情况不止一处，不赘。

（原载赖永海主编《禅学研究》1998年第三期）

谈敦煌本《坛经》标题的格式

方广锠

一

敦煌本《坛经》有一个冗长的标题。这种风格的标题，在后期印度大乘佛教，特别是密教中屡见不鲜，在藏传佛教中也司空见惯，但"秦人好简"，中华佛教撰著而有这种标题的，笔者寡闻，唯此一见。

问题还在于这个标题的书写格式很有特点，但以往的录校者一般不太注意它的书写格式。潘重规先生注意到这个问题，从而把敦煌本《坛经》的标题录作：

   南宗顿教最上大乘摩诃般若波罗蜜经

   六祖惠能大师于韶州大梵寺施法坛经一卷

    兼授无相戒   弘法弟子法海集记

由于潘校本三行标题下面均有余空，没有出现自然回行，说明潘重规先生认为应该将标题录为三行。遗憾的是他没有说明这样分行的理由是什么。另外，潘重规先生出注谓："伦敦本（S.5475）'兼受无相'顶格（原文降一字，并非顶格，潘本此处误。——方按），空二格书戒字。敦博本'兼受无相'下亦空二格书戒字。案'戒'字当与上'无相'连属，与'弘法弟子'分开。"（转引自邓文宽《近年敦煌本〈六祖坛经〉整理工作评价》，载《周绍良先生欣开九秩庆寿文集》，中华书局，1997 年 3 月）潘录文时将"无相"与"戒"之间的空格删除，又在"戒"与"弘"之间留出若干空格。但也没有说明这样做的理由是什么。潘校本无细字。

邓文宽先生注意到这个问题，他也将《坛经》的标题处理为三行，作：

南宗顿教最上乘摩诃般若波罗蜜经
　　——六祖惠能大师于韶州大梵寺施法坛经一卷兼授无相戒
　　　　　　　　　　　弘法弟子法海集记

邓文宽先生并在对首题的校记中提出这样一个观点："我认为底本前二行中，'南宗顿教最上大乘摩诃般若波罗蜜经'是《坛经》正题，'六祖惠能大师于韶州大梵寺施法坛经一卷兼授无相戒'是其副题，'弘法弟子法海集记'是原编者题名。"论述了将原标题作三行，并将"弘法弟子法海集记"一行落底书写的理由。但没有说明为什么将"无相"与"戒"之间的空格删除。邓校本无细字。

周绍良先生也注意到这个问题，把该标题录为三行，作：

　　　　　南宗顿教最上大乘摩诃般若波罗蜜经
　　　　　　六祖惠能大师于韶州大梵寺施法坛经一卷兼授无相戒
　　　　　　　　　受无相戒弘法弟子法海集记

　　周先生在标题分行方面的观点上与邓校本一致。但致力于解决"无相"与"戒"字之间的空格问题，认为这可能是省略重复所致，于是把这些省略的字拟补在标题中。周校本也没有细字。

　　归纳起来，上述三校本都将该标题分为三行，无细字，但对"无相戒"的处理不一。

　　二

　　那么，敦煌本《坛经》的标题的格式到底应该怎样？在此先考察保留有标题的诸敦煌写本的写法。

　　在敦博本中，它分为两行，写作：

　　　　　南宗顿教最上大乘摩诃般若波罗蜜经六祖惠能大师于韶
　　　　　州大梵寺施法坛经一卷兼受无相　　戒弘法弟子法海集记

　　由于"韶"字已到地脚，所以"州"字换行齐头抄写。也就是说，敦博本之分两行，并非标题格式的特殊要求，如果纸张允许，它也可以抄为一行。特殊的是在"无相"与"戒"之间留约三四字之空；"戒弘法弟子法海集记"用细字。

　　在旅博本中，它分为三行，写作：

　　　　　南宗顿教最上大乘摩诃般若波罗蜜经
　　　　「六祖惠能大师于韶州大梵寺施法坛经一卷兼受无相

⌐戒弘法弟子法海集记

"⌐"符号在敦煌遗书中表间隔，一般记于所标注字的右上方。从这两个间隔符号来看，应该说《坛经》的标题不仅冗长，还有一定的书写规则。仔细研究这个标题，第一行末字"经"下明明仍有余空，但抄写者毅然换行，并降一字，用间隔号，抄写第二行。说明在抄写者看来，"六祖"以下必须换行。至于"戒"上的间隔号，意义似乎与前不同。因为"无相"两字已接近地脚，无空三四字的余地，所以只好换行后再空三四字接抄，也就是说，"戒"上的间隔号，所表示的似乎不是一定要换行，而是提醒人们注意，"戒"字前一定要留空格。

在斯坦因本中，它也分作三行，是这样写的：

南宗顿教最上大乘摩诃般若波罗蜜经

六祖惠能大师于韶州大梵寺施法坛经一卷

兼受无相　　　戒弘法弟子法海集记

虽然"经"字已到地脚，但换行后的"六"字降一字，说明标题的此处是按照旅博本提示的必须换行的规则书写的，否则会按一般规则换行后齐头。"一卷"两字已经到地脚，"兼"字另起时只降一字，与"六"字齐头，意为此属正常换行。因此，斯坦因本的书写格式实际与旅博本相同。唯"兼受无相"用细字。

由此我们可以归纳出如下几点：一、应分行。二、"无相"与"戒"之间有留空。三、有细字。

三

根据上述考察，我们是否可以得出如下结论：

首先，就抄写行数而言，敦博本的标题没有按照规定的格式分行，而旅博本、斯坦因本的分行是正确的。也就是说，书写敦煌本《坛经》标题时要求录为两行，"六祖"以下要换行。上述诸录校本将该标题书写为三行，不符合敦煌本《坛经》的格式要求。

其次，在三个保留了标题的敦煌本《坛经》中，"无相"与"戒"字均留空。但潘重规本与邓文宽本却均将留空删除，将"无相"与"戒"字连写，两人都没有说明自己这样做的理由。我认为既然没有充分理由，随便删除原件"无相"与"戒"之间留空，似属不当。由于"授无相戒"是《坛经》的重要附属内容之一，因此，"无相"与"戒"的确应该是一个不可分割的整体。但敦煌本《坛经》为什么要把这个不可分割的词分开来写呢？这里要想表达什么意思呢？这值得我们认真探索。周绍良先生力图解决这一问题，认为"兼授无相"以下可能漏重文符号，故而空缺，这可备一说。不过，按照敦煌遗书的书写规矩，如"兼授无相"这样连续多字重复，重文符号的标著法应该是"兼々授々无々相々"，似乎不会出现敦煌《坛经》写本这样的空缺。因此，周先生的上述推测似难成立。

由于现有所有敦煌本《坛经》写本的"无相"与"戒"字之间都有空格，我们没有理由否定这种格式的正确性。现在的任务是要解释何以会出现这一现象。我认为，它或者与慧能首创的"无相戒"及其理论有关。无相戒即以清净佛性作为戒体的一种戒法。因佛性无相，实相为空；诸法既空，罪性亦空。持戒者心无系缚，远离执着，视诸戒犹如虚空。在实际修持中，也不如其他戒法有日常的仪轨与行相，故曰"无相戒"。是否正因为戒以"无相"命名，所以留几个空格以示"无相"呢？这当然也是一种猜测，尚需进一步考证。

第三个问题是"戒"字到底应该是上联还是下联。由于目前所有的敦煌本《坛经》均将"戒"字与"弘"字相联，所以我原来主张"戒"字下联，并批评潘本、邓本不应将"戒"字上联。但这次仔细考察在标题书写格式方面最讲究、最规范的旅博本后，发现"戒"与"弘"字稍有错位，连接不甚自然。这是否说明"戒"字的确应该上联呢？但随之而来的问题是，许多敦煌遗书都以落底的方式来书写著译者的姓名。如果"戒"与"弘"没有关系，则该行以下明明有余空，书写者为什么不将"弘法弟子法海集记"诸字也落底书写呢？这个问题目前似乎还无法解释，暂时搁置。

第四个问题是细字。敦煌本《坛经》标题的"一卷"以下的诸字中有细字，这是可以肯定的。但到底哪些字为细字，不同的写本写法不一。由此，上述几个录校本都不考虑细字问题。但我认为由于"授无相戒"是《坛经》的附属内容之一，而敦煌遗书中，一般遇到这种情况，一般均写为细字，故是否以斯坦因本的写法为优。唯斯坦因本的"戒"字涉下大写不对，应予改正。

综上所述，我以为敦煌本《坛经》标题的正确写法应该是：

南宗顿教最上大乘摩诃般若波罗蜜经

——六祖惠能大师于韶州大梵寺施法坛经一卷兼受无相　戒弘法弟子法海集记

四

邓文宽先生提出敦煌本《坛经》的标题实际由正题、副题两部分组成。站在上述考察的立场上，我认为这个观点基本上可以成立。有意思的是，据我的印象，中国古代书籍似乎没有正题、副题之分，这种取名方法是近代西学东渐以后才有的。如果上述观点可以成立，则正题、副题的取名法，在古代已经出现了——哪怕只是一个物例也罢。值得注意的是，实际上，敦煌本《坛经》的副题与它的原题最接近，而它的正题是后来产生的。我认为很可能是神会滑台大会与北宗争正统以后出现的。这与敦煌本《坛经》本属神会系传本也正相吻合。不过这个问题涉及面稍广，李申兄催稿甚急，只好就此住笔，以后有机会再说。

1998 年 8 月 25 日

中华版后记

李　申

感谢张继海同志，在本书出版十多年后又将它付梓。

本次修订修改了一些原来的标点。最重要者，是第二十五章：

> 心量广大，由如虚空。莫定心坐，即落无记。空，能含日月星辰，大地山河，一切草木，恶人善人，恶法善法，天堂地狱，尽在空中。世人性空，亦复如是。

"……无记。空"，许多校本皆点做"……即落无记空。能含日月星辰……"。由于需要逐字今译，才发现以"空"属后，加逗，似更为合理。因为此处是讲"心量广大，由（犹）如虚空"，这虚空，"能含日月星辰"云云。"莫定心坐，即落无记"是加在中间的解说语，告诫众人，"定心坐"是无意义的。如依多数版本标为"无记空"，则空既为"无记"，又如何能含日月星辰？

有朋友曾为此标点来信商榷。我查了《大般若经》，没有

"无记空"一词，查了《佛学大辞典》、《佛光大辞典》、《佛教大辞典》，也没有收进"无记空"这个词，遂以为佛经中无此词。朋友指出，说《大般涅槃经》中有此词。经查，也只有一处，而他处则无见，或极少见。因而认为是偶尔出现的说法，不是佛教通用的、有定解的词汇和概念。至于《坛经》，此处则更是难用这极少见的偏僻说法来向大众说法。且上下文的意思明白，故仍以为点作"……无记。空，……"为宜。

近查陈义孝《佛学常见词汇》，收有"无记空"一词。其解释为"于善不善皆不可记别的空"。该词典没有出处，其解释也难以信从，即难以将"无记空"作为佛学常见词汇。

其他标点改动者亦有多处，重要性不及此处，不赘。

初版中，几处"悟"误作"误"，"业"误作"叶"，"契"误作"启"，还有个别错字，此次也一并改正。

还发现更多的敦煌本并非"最初"《坛经》的证据，有待来日申说。

本次修订亦参考了张伟然《读敦煌本〈坛经〉札记四条》，又蒙责编邹旭同志提出不少很好的修改建议，特此致谢。

2017 年 12 月